1판 2쇄 발행 2022년 7월 20일

글쓴이	조인경
그린이	조경봉
편집	이용혁 허준회
디자인	분지현 오나경
펴낸이	이경민
펴낸곳	㈜동아엠비
출판등록	2014년 3월 28일(제25100-2014-000025호)
주소	(03737) 서울특별시 서대문구 충정로 35-17 인촌빌딩 1층
홈페이지	www.moongchibooks.com
전화	(편집) 02-392-6901 (마케팅) 02-392-6900
팩스	02-392-6902
전자우편	damnb0401@naver.com
SNS	

ISBN 979-11-6363-308-2 (74400)

※ 잘못된 책은 구입한 곳에서 바꿔 드립니다.
※ 이 책에 실린 사진은 위키피디아, 셔터스톡에서 제공받았습니다.

 도서출판 뭉치는 ㈜동아엠비의 어린이 출판 브랜드로, 아이들의 지식을 단단하게 만들어주고, 아이들의 창의력과 사고력을 키워주어 우리 자녀들이 융합형 창의 사고뭉치로 성장할 수 있도록 좋은 책을 만들겠습니다.

펴내는 글

사계절이 뚜렷한 우리나라, 계절이 변하고 있다는데 사실일까?
계절이 바뀐다면 우리들의 삶은 어떻게 달라질까?

선생님의 질문에 교실은 일순간 조용해지기 시작합니다. 인내심이 한계에 다다른 선생님께서 콕 집어 누군가의 이름을 부르는 순간 내가 걸리지 않았다는 안도감에 금세 평온을 되찾지요. 많은 사람 앞에서 어떻게 말을 해야 할까 고민 한번 해 보지 않은 사람은 없을 겁니다.

사람들 앞에서 자신의 생각을 조리 있게 전달하는 기술은 국어 수업 시간에만 필요한 것이 아닙니다. 학교 교실뿐만 아니라 상급 학교 면접 자리 또는 성인이 된 후 회의에서도 자신의 의견을 분명히 표현할 수 있어야 합니다. 하지만 어디서부터 시작해야 할지 몰라 입을 떼는 일이 쉽지 않습니다. 혀끝에서 맴돌다 삼켜 버리는 일도 종종 있습니다. 얼떨결에 한마디 말을 하게 되더라도 뭔가 부족한 설명에 왠지 아쉬움이 들 때도 많습니다.

논리적 사고 과정과 순발력까지 필요로 하는 토론장에서 자신만의 목소리를 내려면 풍부한 배경지식은 기본입니다. 게다가 고학년으로 올라가서 배우는 수업과 진학 시험에서의 논술은 교과서 속의 내용만을 요구하지 않습니다. 또한 상대의 의견을 받아들이거나 비판하기 위해서도 의견의 타당성과 높은 수준의 가치 판단을 해야 하는 경우가 많은데, 자신의 입장을 분명히 하기 위해선 풍부한 자료와 논거가 필요합니다.

토론왕 시리즈는 사회에서 일어나는 다양한 사건과 시사 상식 그리고 해마다 반복되는 화젯거리 등을 초등학교 수준에서 학습하고 자신의 말로 표현할 수 있도록 기획

되었습니다. 체계적이고 널리 인정받은 여러 콘텐츠를 수집해 정리하였고, 전문 작가들이 학생들의 발달 상황에 맞게 스토리를 구성하였습니다. 개별적으로 만들어진 교과서에서는 접할 수 없는 구성으로 주제와 내용을 엮어 어린 독자들이 과학적 사고뿐만 아니라 문제 해결력, 비판적 사고력을 두루 경험할 수 있도록 하였습니다. 폭넓은 정보를 서로 연결 지어 설명함으로써 교과별로 조각나 있는 지식을 엮어 배경지식을 보다 탄탄하게 만들어 줍니다. 뿐만 아니라 국어를 기본으로 과학에서부터 역사, 지리, 사회, 예술에 이르기까지 상식과 사회에 대한 감각을 익히고 세상을 올바르게 바라보는 눈도 갖게 할 것입니다.

『봄? 가을? 경계가 모호해지는 사계절』은 사계절의 구분이 점점 어려워지고 있는 우리나라의 계절에 대한 이야기입니다. 호기심 많은 친구 세정이를 통해 계절과 관련된 많은 이야기들을 듣게 됩니다. 지구 온난화로 인해 봄·가을은 점점 짧아지고 있습니다. 때로는 갑자기 많은 비가 내리기도 하고, 너무 추운 날이 계속되기도 합니다. 우리나라를 비롯해 세계 곳곳에서 달라진 계절 변화로 인해 예기치 못한 일들이 일어나고 있습니다. 변화하는 계절 앞에서 우리의 삶은 어떻게 달라질까요? 우리는 어떻게 살아가야 할까요? 이 책을 통해 이런 질문에 대해서 깊이 생각해 보고, 토론할 수 있다면 더없이 소중한 시간이 될 것입니다.

편집부

펴내는 글 · 4
귤나무를 키우고 싶어요 · 8

1장 나라마다 계절이 달라요 · 11

사계절이 있는 나라

여름만 있는 나라

겨울만 있는 나라

토론왕 되기! 꽃은 제철에 피어야 제맛!

2장 날씨가 이상해요 · 39

꽃은 빨리 피고, 단풍은 늦게 든다고?

사계절이 사라진다면?

미친 듯이 더운 날씨, 미친 듯이 내리는 비

토론왕 되기! 봄과 가을은 정말로 사라질까?

뭉치 토론 만화
여름은 여름답게 겨울은 겨울답게 · 64

3장 계절이 바뀌면 생활도 변해요 · 75
우리나라에 열대 과일이?
바닷물이 따뜻해지면 물고기가 이사를 한다고?
부족한 물

토론왕 되기! 하루에 사계절이 한꺼번에 올 수 있을까?

4장 계절답지 않은 계절, 어떻게 해야 할까요 · 101
물 관리가 필요해
전염병 예방
매우 심한 추위를 부탁해

토론왕 되기! 북극곰은 남극에서 살 수 있을까?

어려운 용어를 파헤치자! · 131
날씨·환경 관련 사이트 · 134
신나는 토론을 위한 맞춤 가이드 · 135

귤나무를 키우고 싶어요

1장

나라마다 계절이 달라요

 사계절이 있는 나라

"악!"

나는 주저앉고 말았어. 눈물도 찔끔 났어. 애지중지 키우던 감귤나무 화분이 깨져 있고, 가운데의 굵은 나뭇가지가 뚝 끊어져 있지 뭐야. 감귤나무는 화분을 갈아 주어야 할 만큼 잘 자랐는데 이게 무슨 일이지 싶었어. 그동안의 노력이 물거품이 된 것 같았지. 왠지 모르게 억울한 기분이 들었고, 나도 모르게 눈물까지 흘렸어. 한참을 속상해하다가 생각했지. 이렇게 눈물이나 흘린다고 뭐가 되겠어. 이런 건 오세정이가 아니지. 난 눈물을 쓱 닦았어.

우리 아파트에는 CCTV가 있으니까 범인을 찾을 수 있지 않을까?

그런데 누구한테 CCTV를 보여 달라고 하지? 나 같은 어린애가 보여 달라고 하면 보여 줄까?

별의별 생각들이 꼬리에 꼬리를 물고 이어졌어. 난 슬쩍 미소를 지었어. 이렇게 생각하다 보면 해결 방법이 떠오를 때가 많거든. 잠시 후 손뼉을 탁 쳤지.

"그래, 경비 아저씨야!"

경비 아저씨는 나를 볼 때면 언제나 반겨 주셨으니까 내 부탁을 틀림없이 들어주실 것 같았거든. 정 안 되면 엄마한테 부탁을 하는 수밖에 없지만, 난 꼭 내 손으로 범인을 잡고 싶었지.

"아저씨, 아저씨!"

경비실 창문을 두드리며 아저씨를 불렀어. 아무 대답도 들리지 않았어. 안을 자세히 들여다보니까 아저씨가 안 계셨어. 하필 이럴 때 안 계실 게 뭐람. 짜증이 좀 났지만 마음을 가다듬고 아저씨가 계실 만한 곳을 생각했어. 아파트 주변에 계실 가능성이 높았지. 아니나 다를까 아저씨는 뒤쪽 화단을 돌보고 계셨어.

"아저씨, 안녕하세요?"

나는 아저씨에게 다가가며 인사했어.

그런데 경비 아저씨는 나를 쳐다보지도 않고 나뭇가지만 손질하고 계시지 뭐야. 뭔가 이상한 점도 있었어. 아무리 옆모습이지만 내가 알던 아저씨가 아닌 것 같았어.

"아저씨, 뭐 하세요?"

"꽃이 이렇게 예쁘게 피었는데 안 볼 수가 없잖니? 꽃에 말도 걸어 주고, 다른 나무 때문에 잘 자라지 못하는 나무를 잘 자랄 수 있도록 도와주는 거야."

"네? 꽃한테 말을 한다고요?"

"그럼, 이게 무슨 꽃인지 아니?"

"에이, 이걸 누가 몰라요. 개나리잖아요."

세정이의 계절 노트

진짜 개나리와 진짜 진달래를 찾아라!

봄에 가장 먼저 떠오르는 꽃은 개나리와 진달래가 아닐까요? 그런데 꽃이 피는 시기와 꽃의 모양이 비슷해서 개나리와 진달래로 오해하는 꽃이 있습니다. 오른쪽 위의 사진이 개나리이고, 아래의 사진은 영춘화라는 꽃입니다. 개나리는 꽃잎이 중간부터 네 갈래로 나눠진 통꽃이며, 줄기는 회갈색이에요. 반면에 영춘화는 꽃잎이 여섯 개, 줄기는 녹색이지요.

개나리

영춘화

그러면 아래 그림 중, 무엇이 진달래일까요? 굉장히 닮아서 구별하기 어렵지만, 잎사귀를 보면 구별할 수 있답니다. 꽃이 활짝 피어 있는데 잎이 없다면 진달래, 초록 잎이 꽃과 함께 있다면 철쭉이랍니다. 진달래는 꽃이 진 후에 잎이 나고, 철쭉은 잎이 먼저 나오고 꽃이 피거나 꽃과 잎이 같이 돋아나기 때문이거든요. 철쭉은 진달래와 달리 독이 있으니 주의하세요.

두 꽃은 꽃잎의 생김새로도 구별할 수 있어요. 철쭉 꽃잎에는 꿀을 만드는 밀선이라는 짙은 반점이 있지만, 진달래 꽃잎에는 이 반점이 없거나 옅게 있다고 해요. 또 철쭉은 진달래와 다르게 잎에 털이 있어서 끈적임이 있다고 합니다.

진달래

철쭉

1장 나라마다 계절이 달라요

"맞아, 개나리가 그러는구나. 올해는 겨울이 춥지 않고, 금방 따뜻해져서 작년보다 일찍 피었다고 말이야."

"저, 정말요?"

아직 피지 않은 꽃이 더 많았지만 꽃은 봉오리를 달고 있고, 나무들은 연한 초록 잎들을 내밀고 있었어. 보면 볼수록 신기하고, 계속 보고 있으니까 기분이 좋아지는 것 같았어.

"그리고 옆에 목련이랑 흰색 매화도 같이 피어 좋다고 하는구나."

"이 하얀 게 매화라고요? 벚꽃 아니에요?"

"그냥 보면 비슷하게 보일지 몰라도 자세히 보면 꽃잎도 다르고 꽃

계절이란?

계절은 규칙적으로 반복되는 날씨 변화에 따라 일 년을 나눈 것이에요. 우리나라는 봄, 여름, 가을, 겨울의 사계절로 나뉩니다. 봄은 대체로 따뜻해서 새싹이 돋아나고, 예쁜 꽃들이 핍니다. 여름은 뜨겁고 습기가 많은 공기 때문에 무덥고, 비가 많이 내리는 장마가 오기도 해요. 가을은 높고 파란 하늘과 시원한 바람을 만날 수 있지요. 울긋불긋 멋진 단풍도 볼 수 있습니다. 겨울은 건조하고 차가운 공기가 몰려옵니다. 매우 춥다가 3일은 춥고 4일은 따뜻한 날씨인 삼한사온이 나타나기도 해요.

안쪽에 든 꽃술도 다르단다. 이건 뭔지 아니?"

"쪼그만 장미 아니에요?"

"장미가 아니라 찔레꽃이란다."

"장미꽃보다 가시가 더 많긴 하네요."

"맞아, 그래서 찔레꽃을 가시나무라고도 하지. 옛날에 먹을 것이 없어 배가 아주 고팠던 시절이 있었어. 그때는 봄이 되면 찔레나무의 어린순을 먹으면서 배고픔을 달래기도 했단다. 진짜로 찔레나무 순에는 비타민이 들어 있어서 아이들 성장에도 좋지. 찔레꽃에는 슬픈 전설도 내려온단다. 아주 먼 옛날 고려 시대에 전쟁 통에 몽골에 끌려갔던 소녀들이 어렵게 고향에 돌아왔는데 부모님도 형제들도 어디로 갔는지 사라져 버리고 소식도 알 수가 없었대. 애타게 가족들을 찾아 헤매다 죽은 소녀들이 꽃으로 태어났는데 그 꽃이 바로 찔레꽃이란다."

난 그만 아저씨의 이야기에 쏙 빠져서 아저씨를 만나러 온 목적도 잊어버렸지 뭐야. 아저씨는 그제야 나를 바라보더니 머리를 쓰다듬어 주셨지. 어, 그런데 예상했던 내가 알던 아저씨가 아니었어. 조금 당황한 나는 한 발짝 뒤로 물러났어.

"전에 계시던 아저씨는요?"

"아, 허리가 아파서 그만 두시고 내가 오게 되었단다. 그런데 너는 왜 나를 찾았니?"

난 그제서야 내가 경비 아저씨를 찾아왔던 이유가 생각나서 손으로 내 머리를 툭툭 쳤어. 이 바보.

난 아저씨가 내게 CCTV를 보여 줘야 하는 이유를 논리적으로 설명했지. 아저씨는 다음부터는 복도에 화분을 내놓으면 안 된다고 주의를 주시며 내 부탁을 들어주기로 하셨어.

"그렇구나, 네 사정을 알긴 알겠는데, 음……. 이렇게 하자꾸나. 내가 내는 퀴즈를 맞히면 널 도와주마."

여름만 있는 나라

아, 이상한 아저씨네. 그냥 부탁을 들어주기 싫으면 싫다고 하지 웬 퀴즈.

난 가만히 아저씨를 살펴봤어. 아저씨는 나를 보고 씩 웃었어. 따뜻하면서도 장난을 좋아하는 남자아이처럼 웃는 모습이 언젠가 봤던 알라딘 영화 속 램프의 요정 지니와 닮았지 뭐야.

"네, 좋아요."

난 웃으며 대답했어. 왠지 이 아저씨가 지니처럼 내 소원을 들어줄 것 같다는 믿음이 생겼어. 이상하다는 생각은 금세 지워졌지. 오히려 아저씨와 범인을 찾다 보면 더 재미있는 일이 생길 것만 같았거든.

"오케이, 그럼 나랑 약속한 거다."

"알았다니까요. 얼른 퀴즈나 내 봐요. 그래야 범인을 빨리 찾죠."

"자신 있는 모양이구나. 너 혹시 여름만 있는 나라에 대해 들어 봤니?"

"여름만 있는 나라요? 친구들이 방학 때 갔었다는 더운 나라에 대해서는 조금 알아요."

"너도 방학 때 그런 나라에 가 봤니?"

"아니요, 전 아직 못 가 봤어요. 하지만 관심은 많아요. 제 꿈은 세계

를 여행하는 탐험가가 되는 거거든요."

"잘됐구나. 이제 우리는 여름 나라로 여행을 해 보자꾸나. 여름 하면 떠오르는 게 뭐니?"

"수박, 팥빙수, 물놀이, 우산, ……."

"그럼 여름 나라 하면?"

"비가 엄청 많이 내리고, 신발도 슬리퍼 같은 걸 신고, 물 위에 집을 짓고 사는 사람들도 있고……."

"오, 여행가가 되고 싶다더니 다른 나라에 대해서도 잘 알고 있구나. 아저씨는 얼룩말, 가젤, 코뿔소 같은 아프리카 동물들을 많이 봤단다.

여름 나라

여름 나라에는 멕시코, 소말리아, 인도, 수단, 이란, 알제리, 이라크, 사우디아라비아 등이 있어요. 이런 나라들은 일 년 중 거의 대부분이 여름이며, 온도가 매우 높아요. 그런데 지역에 따라 비가 많이 내리거나 물기나 습기가 거의 없어 건조한 곳이 있어요. 대부분의 여름 나라는 온도가 평균 50℃입니다. 사막 근처에 있는 나라들 중에는 사막이 점점 늘어나서 심각한 가뭄과 굶주림에 시달리고 있어요.

봄? 가을? 경계가 모호해지는 사계절

아프리카 동물들은 계절에 따라 이동을 하는데, 비가 자주 오는 우기 때에는 남동부 평원에서 풀을 뜯고 있다가 우기가 지나 건기가 찾아오면 서쪽의 수목 초원을 거쳐 물이 있는 북쪽으로 이동을 한단다. 동물 떼가 이동하는 장면은 말로 표현할 수 없을 정도로 멋지지."

"가젤? 그런 동물도 있어요?"

아저씨는 휴대 전화에 저장된 동물 사진을 보여 주며 가젤이 어떤 동물인지 알려 주셨어. 동물원에서 봤던 것 말고도 처음 보는 동물들도 있었어. 난 아저씨가 들려주시는 동물 이야기나 그곳 사람들의 이야기에 정신이 팔린 데다가 아저씨가 보여 주시는 사진을 보느라 입이 떡 벌어졌지. 아저씨는 문득 밖으로 나가더니 화분 하나를 들고 오셨어.

"자, 이게 네가 맞혀야 할 첫 번째 퀴즈다!"

뾰족하게 생긴 잎이 여러 개 있는 식물이었어. 엄마가 기르는 선인장처럼 생긴 것도 같았지.

"여름 나라에서 자라는 거죠?"

나는 재빠르게 휴대 전화를 꺼내서 검색을 해 봤어. 이름도 모른 채 식물 이름을 맞히는 건 쉽지 않았어.

"힌트는 없어요?"

"좀 전에 너한테 들려주었던 동물들이 사는 곳에 이것도 산단다. 그리고 그곳 사람들에게 매우 도움이 되는 것이기도 하고."

"지금 당장은 좀 어려울 것 같아요. 시간 좀 주세요. 제가 곧 정답을 찾아서 돌아올 테니까 아저씨도 준비하고 계세요."

"그래, 네가 정답을 찾아오기 전에 아저씨도 너한테 도움이 될 만한 걸 준비해 두마."

난 며칠 동안이나 머리를 쥐어짜냈지만 정답을 찾을 수 없었어. 엄마, 아빠한테 물어봐도 인터넷을 뒤져 보라는 소리뿐이셨지. 인터넷에서 정보를 찾는 거야 우리 집에서 내가 선수거든. 하지만 이번에는 도저히 못 찾겠더라고. 왜 원숭이도 나무에서 떨어질 때가 있다고 하잖아. 원숭이, 나무 이런 걸 생각하다 보니까 우리 반에 아프리카에서 온

친구가 있다는 걸 깜박했지 뭐야. 언젠가 그 친구가 사자랑 코뿔소, 코끼리 뭐 그런 얘기들을 했던 게 기억이 났어.

다음 날, 엄마가 깨우지도 않았는데 눈을 번쩍 떴어. 빨리 학교에 가서 친구에게 물어봐야겠다는 생각만 가득했지. 그 친구는 아프리카에서 살다가 아빠를 따라 우리나라에 왔는데, 아빠가 우리나라 사람이어서 그런지 한국말을 잘 했어. 하지만 새 학기가 시작된 지 얼마 안 된데다가 다른 나라에서 온 친구라 아직 제대로 대화를 한 적이 없었지 뭐야.

아침도 먹는 둥 마는 둥 하고, 엄마가 싸 준 간식을 가방에 잽싸게 넣었어. 엄마가 싸 준 간식으로 친구에게 말을 걸어 볼까 하는 생각이 들었어.

나는 숨이 턱에 닿아서 교실로 들어갔어. 행복이, 아프리카 친구 이름이야. 그 나라 말로 '프라하', 우리나라 말로는 '행복'. 나는 불쑥 행복이에게 엄마가 만들어 준 샌드위치를 내밀었어.

"너, 이거 먹을래?"

행복이는 얼떨결에 내가 내민 샌드위치를 받았어. 난 씩 웃으며, 며칠 전 벌어졌던 일이며 내 사정을 설명했지.

행복이는 처음에는 당황했지만 내 말에 귀 기울여 주었어. 행복이는 내 이야기를 다 듣고 나서 이렇게 얘기했어.

"사진 보여 줘."

난 사이다처럼 시원시원한 행복이에게 반했지 뭐야. 난 행복이에게 정답을 얻을 수 있었어. 덕분에 친구까지 덤으로 생겼고 말이야.

 겨울만 있는 나라

"안녕하세요!"

난 의기양양한 목소리로 아저씨에게 인사를 드렸어.

"오, 목소리를 들어 보니 답을 찾아낸 것 같구나."

"당연하죠. 제 친구가 도와주긴 했지만요. 답은 사이잘삼이에요. 그렇죠?"

"정답이구나! 사이잘삼은 그냥 식물이 아니지."

"네. 사이잘삼 잎에서 옷 같은 걸 만드는 섬유를 뽑아내니까요."

아저씨는 빙그레 웃으며 내 머리를 쓰다듬어 주셨지. 그리곤 우리 엄마한테도 허락을 맡았다면서 약속대로 CCTV를 보여 주셨어. 나는 뭐 하나라도 놓칠까 봐 웬만하면 눈도 깜박이지 않고 눈을 부릅떴어. 아저씨가 손가락으로 누군가를 가리켰어. 난 깜짝 놀랐지. 아는 얼굴이었으니까.

"아는 애니?"

"네. 우리 층 첫 번째 집에 사는 말썽꾸러기 형제들이죠. 유모차에 아기를 태우고 매일 끌고 나오시던 할머니네, 603호 있잖아요. 지난번에는 그 집 유모차 바퀴가 고장 났었는데, 그것도 이 집 서우 짓이었어요. 서준이 동생 서우요. 둘이 형제죠."

"그런데 둘이 범인이라고 확신을 할 수는 없을 것 같구나."

"왜요? 안 봐도 뻔해요. 애들은 그러고도 남을 거예요. 그리고 딱 그 시간에 엘리베이터를 타고 딱 6층에 내렸잖아요!"

나는 '딱'이라는 단어에 힘을 주어 말했어. 물론 서준이네도 6층에 살고 있지만, 그 시간에 6층에 내린 건 걔네뿐이었고 다른 사람이라곤 없었으니까.

"아무리 그 시간에 서준이와 서우가 6층에서 내렸다고 해도 그냥 집에 간 것일 수도 있지 않니? 6층에는 CCTV도 없고 애들이 무슨 일을 했는지 확실한 증거도 없으니, 범인이라고 단정 지을 수는 없지 않겠니? 좀 더 증거를 찾아야 할 것 같은데……."

아저씨 설명을 듣고 나니까 그 말이 맞는 것 같았어. 확실한 증거도 없이 생사람을 잡을 수는 없으니까. 왜 있잖아, 심증은 있는데 물증이 없다고 드라마 속에서 형사가 말하는 거.

"아, 그럼 본 사람도 없을까요?"

"그러고 보니, 청소하는 아주머니는 계단을 통해 왔다 갔다 하니까

뭔가 아시는 게 있을 수도……. 그날은 거기 계단 불이 고장 나서 수리하는 분도 뭔가 보셨을지 모르겠구나."

"이번에도 아저씨가 좀 도와주시면 안 될까요?"

아저씨는 내 말을 듣자마자 장난스러운 얼굴로 나를 보셨어.

"그럼, 두 번째 퀴즈를 내 볼까?"

"아, 뭐예요. 그냥 알아봐 주시면 안 돼요?"

"세상에 공짜는 없단다. 아무 노력 없이 어떻게 무언가를 얻을 수 있겠니."

"에이, 그게 뭐예요."

"이번 문제도 너는 금방 풀 수 있을 걸?"

아저씨는 이렇게 말씀하시더니 책상 서랍에서 작은 상자 하나를 꺼내셨어.

작은 상자 안에는 갖가지 물건이 있었는데, 마치 내 보물 상자 같았지. 그러더니 그 속에서 목걸이 하나를 꺼내 보여 주셨어. 검정 줄에, 사람 모양을 하고 있는 하얀색 인형 같은 게 달려 있지 뭐야. 겨울 외투를 입고 있는 것처럼 털모자를 쓴 뚱뚱한 사람이었는데, 그 옆에는 털실이 길게 매달려 있었지. 그 물건이 아주 마음에 들었어. 왜냐하면 귀엽기도 했고, 사람이 일일이 손으로 깎은 듯 정성이 가득 들어간 것처럼 보였거든.

"이건 어디에서 온 거예요?"

"음, 겨울 나라 중 하나지."

"눈이 많이 오고, 엄청 추운 나라예요?"

"온통 얼음으로 덮여 있고, 사람들은 개가 끄는 썰매를 타고 다니고, 밝은 밤이 계속되기도 하고, 해가 뜨지 않는 캄캄한 밤이 계속되는 곳이기도 해."

"에이, 그런 나라가 어디 있어요?"

겨울 나라

겨울 나라에는 에스토니아, 핀란드, 그린란드, 아이슬란드, 캐나다, 러시아, 카자흐스탄, 남극 대륙 등이 있습니다. 이들 나라는 겨울이 길고 여름은 아주 짧답니다. 보통 겨울 나라들은 기온이 매우 낮고 눈이 많이 내리지요. 그린란드는 이름 때문에 녹색 식물이 많을 것 같지만, 세계에서 가장 추운 나라 중 하나입니다. 사방이 차가운 바다로 둘러싸여 있고, 겨울에는 햇빛이 세 시간 정도 비춘다고 합니다. 러시아는 여름 기온이 0℃ 이하이며 겨울에는 기온이 영하 70℃까지 내려간 적도 있어요. 러시아의 어떤 곳은 일 년에 2개월밖에 햇빛을 보지 못한다고 해요. 북극보다 추운 남극은 기온이 너무 낮아서 물과 음식을 구하기 어려울 정도라고 합니다.

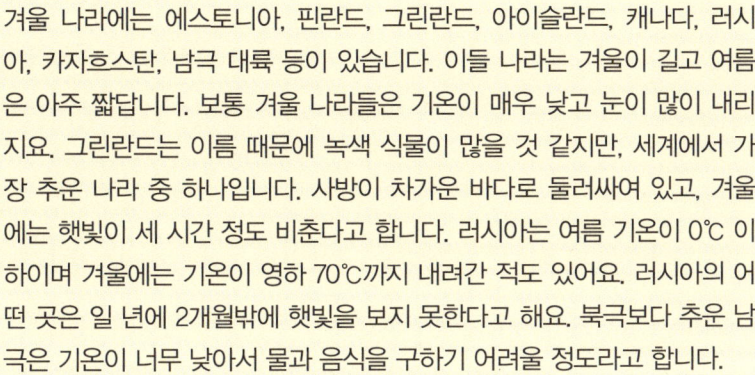

"아저씨가 갔다 왔는 걸, 이것도 거기에서 가져온 거고."

"좋아요. 그럼 이번 퀴즈는 그 나라를 맞히면 되는 거예요?"

"그렇단다. 다만 나라 이름과 함께 이 작은 인형이 뭘로 만들어졌는지 맞히는 거다."

"작은 인형은 그 나라 사람인가요?"

"맞아."

"까짓것, 이번에는 쉽게 맞힐 수 있을 것 같아요. 추운 나라를 찾아보면 금방 찾을 수 있을 것 같아요."

부리나케 집으로 들어와서 컴퓨터를 켰어. 인터넷을 통해 몇 가지 정보를 얻을 수 있었지. 일단 가장 추운 곳이라면 남극과 북극을 빼놓을 수 없잖아. 똑같이 추운 곳이라고 해도 북극이 남극보다 더 따뜻하고 살기도 더 좋다고 해서 좀 놀랐어. 그리고 북극에 사는 사람들을 '이누이트'라고 부르는 것까지 알아냈다고. 아, '이누이트'는 '에스키모'라고도 부른다고 해. 난 점점 퀴즈의 답에 가까이 다가가고 있다는 예감에 휩싸였어.

마지막으로 확인할 필요가 있었지. 이번에도 친구 찬스를 쓸 생각이야. 내가 비록 어려서 아직 해외여행을 가지는 못하지만 SNS_{소셜 미디어}를 통해서 얼마든지 가능하거든. 덕분에 세계 여러 곳에 친구들이 좀 있지. 추운 나라에 살고 있는 핀란드와 그린란드 친구들에게 도움을 요청

했어. 오랜만에 비록 서툰 영어지만 친구들이랑 수다를 떠느라 시간 가는 줄 몰랐네. 물론 목걸이에 대해 묻는 건 잊지 않았지. 내 예감은 틀린 적이 없었는데, 이번에는 예감이 빗나가고 말았어.

북극이 아니라 그린란드였지 뭐야.

"이누이트잖아!"

목걸이를 본 그린란드 친구가 소리쳤어.

그리고 목걸이에 대해서 설명하기 시작했어.

"그건 사슴뿔로 만든 거야. 우리나라 사람들은 사냥을 해서 먹고 살고 있거든. 여기에서는 농사를 짓기 힘들어. 얼음이 없는 지역이 아주 조금밖에 없거든. 농사를 못 짓는 대신에 바다표범, 여우, 북극곰, 순록 같은 짐승을 사냥해서 생활해. 그 목걸이는 사냥을 해서 잡은 사슴의 뿔을 깎아서 만든 공예품이야."

그린란드 친구의 말을 듣고 보니 우리나라에서는 볼 수 없는 희귀한 동물들을 사냥할 수 있다는 사실에 좀 놀라긴 했지만, 너무 추운 곳이라 어쩔 수 없는 것 같았어.

어쨌든 친구도 보고, 친구 덕분에 퀴즈는 풀었으니 이 정도면 이번에도 성공인 것 같아.

이누이트와 에스키모

'에스키모'는 그린란드·캐나다·알래스카 및 시베리아 등 북극해 쪽에 사는 사람들을 말합니다. '에스키모'라는 이름은 캐나다 인디언이 '날고기를 먹는 사람'이라는 뜻으로 붙였다는 설이 있어요. 하지만 에스키모 사람들은 '에스키모'라는 이름을 사용하지 않아요. 그린란드나 캐나다 사람들은 '이누이트', 북알래스카 사람들은 '이누피아트', 서남 알래스카 사람들은 '유픽'이라고 부른답니다. 부르는 이름은 다르지만 모두 '인간'이라는 뜻이지요.

에스키모의 조상은 몽골에서 베링 해협을 건너 북아메리카까지 건너왔다고 전해지며, 이들은 전통적으로 물개, 카리부, 고래 등을 사냥 혹은 채집하면서 삽니다.

계절에 따라 다른 나라별 생활 모습

여름만 계속되는 나라

온도가 높아서 매우 덥고 비가 오는 곳이 많아요. 땅과 떨어져서 지은 집에는 큰 창문과 문이 있어요. 사람들은 덥고 습기가 많은 날씨 때문에 신발을 신지 않고 간편한 옷을 입어요. 주로 야생 동물이나 물고기를 잡아서 먹거나 이동하면서 카사바, 얌, 옥수수 같은 농사를 지어요.

건조한 날씨가 계속되는 나라

비가 거의 오지 않고, 아침·저녁으로 온도 차가 커요. 주로 흙으로 집을 짓고, 벽은 두껍고 창문은 작으며 지붕은 넓고 평평해요. 강한 햇빛과 바람을 막기 위해 헐렁하게 옷을 입어요. 옛날에 이곳 사람들은 낙타를 타고 오아시스 주변에 마을을 지어 대추야자, 밀, 보리 등을 키웠어요.

겨울만 계속되는 나라

극지방과 가까워 이끼류로 이뤄진 초원이나 눈과 얼음으로 뒤덮인 매우 추운 곳이에요. 얼음으로 덮인 남극과 북극에서는 얼음과 눈덩이로 만든 이글루라는 집에서 살아요. 매우 춥기 때문에 털가죽 옷을 입고 순록 가죽으로 만든 신발을 신어요. 동물을 사냥하거나 물고기를 잡아서 생활해요.

사계절이 모두 나타나는 나라

사계절이 뚜렷하여 기후 경관이 달라져요. 1년 동안 더운 달과 추운 달의 평균 기온 차이가 커요. 더운 여름철에는 바람이 잘 통하는 옷을 입고, 겨울에는 추위를 막기 위해 온몸을 감싸는 옷을 입어요. 온도가 높아지고, 물의 양이 풍부한 여름에는 벼농사를 지어요.

토론왕 되기!

꽃은 제철에 피어야 제맛!

우리나라에서는 봄이 되면 강한 햇살을 받아 푸른 새싹이 돋아나고 꽃이 피기 시작합니다. 개나리, 진달래, 영산홍, 목련, 벚꽃, 배꽃, 사과꽃, 복숭아꽃 등이 있지요. 꽃밭에서는 가을에 뿌리나 씨앗을 미리 심어 두었던 꽃들도 피어납니다. 알뿌리로 심은 아네모네, 수선화, 튤립, 히아신스 등과 씨앗으로 심은 금잔화, 개양귀비, 금어초 등이에요. 또 포기로 나누어 심은 작약, 은방울꽃, 데이지, 아이리스 등의 화초도 있지요. 산과 들에는 할미꽃, 제비꽃, 붓꽃, 민들레, 자운영, 토끼풀, 엉겅퀴, 냉이꽃, 유채 등 작은 꽃들을 흔하게 볼 수 있고요.

여름에는 온도가 높고 비가 많이 와서 식물들이 무럭무럭 자랍니다. 봄에 비하면 산과 들에 피는 꽃은 많지 않아요. 왜냐하면 봄에 핀 꽃들이 여름에 열매를 맺고 익어가고 있기 때문입니다. 또 가을에 꽃을 피우기 위해 한창 자라나는 식물도 있으니까요. 장미를 시작으로 꽃창포, 수국 등을 보게 되지요. 강한 햇살이 내리쬐기 시작하면 봉선화, 채송화, 해바라기, 수련, 문주란, 접시꽃, 과꽃, 해당화, 옥잠화, 참나리, 칸나, 도라지 등이 핍니다.

가을에도 봄에 뒤지지 않을 정도로 많은 꽃이 피지요. 뜰에는 봄에 씨를 뿌려 핀 코스모스, 맨드라미, 무궁화, 백일홍, 천일홍, 과꽃, 기생초, 피튜니아 등이 있어요. 겨울 동안 뿌리만 남았던 큰꿩의비름, 국화 등도 핍니다. 어떤 꽃들은 여름에 피어 가을까지 계속 피어 있기도 하지요. 산과 들에는 칡, 향등골나물, 마타리, 가새쑥부쟁이, 무릇, 잔대, 개여뀌, 쑥 등의 꽃이 피지요. 쑥부쟁이 종류의 꽃은 국화와 비슷해서 들국화라고 부르기도 합니다.

겨울에는 한 해만 자라는 한해살이풀은 모두 죽습니다. 여러 해를 사는 여러해살이풀도 줄기나 잎은 말라 죽고, 땅속에 뿌리를 감추고 살아 있고요. 추운 날씨 때문에 겨울철에는 꽃을 피우는 식물을 보기 어렵습니다. 그런 와중에도 비파나무, 팔손이, 애기동백, 매화, 복수초 등이 꽃을 피웁니다. 추위가 좀 누그러지면서 2월 즈음 되면 꽃은 다시 피기 시작하지요.

만약 이상 기후 때문에 사계절의 경계가 모호해지면 계절마다 피던 꽃나무는 어떻게 될지 의견을 나누어 보세요.

계절 알아맞히기

다음 내용과 그림을 보고 공통적으로 어떤 계절인지 맞혀 보세요.

모시옷과 삼베옷을 입습니다.

삼계탕을 먹고 힘을 냅니다.

무더위를 피해 산이나 바다로 피서를 갑니다.

장마나 태풍 때문에 비가 많이 내립니다.

여름

날씨가 이상해요

꽃은 빨리 피고, 단풍은 늦게 든다고?

맘 편하게 늦잠을 자던 나는 밝은 햇살 때문에 눈을 떴어. 다른 날보다 기분도 한결 좋았지. 두 번째 퀴즈도 풀었으니까 범인을 찾는 데 한 발 더 가까워졌다는 의미잖아.

왠지 뿌듯하기도 했고. 창문을 열고 바깥 공기를 들이마시는데 갑자기 콧구멍이 콱 막혔지.

"아, 이거 뭐야."

콧구멍을 막고 있는 무언가를 떼어 냈어. 벚꽃 꽃잎이었어.

"진짜 봄이구나."

봄이라고 생각하니까 마음이 붕 뜨면서 바람 든 풍선 같아졌어. 곧 범인의 정체를 알 수 있을 것 같은 예감도 들었어. 어서 빨리 아저씨를 만나야 했지.

경비실 창문에는 '주변 청소 중'이라는 푯말이 붙어 있지 뭐야. 어째 이 아저씨는 가만히 앉아 계시는 법이 없이 여기저기 잘도 다니신다니까. 그래 봤자 아파트 한 바퀴만 돌면 금세 찾을 수 있을 테니까 걱정 없었어.

아저씨는 아파트 뒤쪽 화단에서 나무들을 살피고 계셨어. 난 아저씨를 놀라게 해 드리려고 살금살금 걸어갔어. 아저씨 등 뒤까지 갔을 때, 아저씨의 팔을 잡으며 '아저씨!' 하고 불렀어. 그런데 아저씨는 놀란 척도 안 하시는 거야.

"에이, 재미없어. 아저씨, 그런데 왜 그렇게 심각한 표정이세요?"

"꽃이 너무 일찍 펴 버려서, 꽃이 너무 빨리 질까 서운한 마음이 드는구나."

"꽃은 피면 지는 거 아니에요?"

"그래, 그게 자연의 섭리지. 우리 세정이가 아저씨보다 낫구나."

"그런데, 꽃이 왜 이렇게 일찍 핀 거예요?"

"지구의 온도가 점점 올라가기 때문이지. 날씨가 따뜻하니까 꽃나무들이 꽃을 피워도 되겠다고 생각하는 게 아닐까. 예전과 비슷한 기온이 일찍 찾아온 거야. 그러니까 꽃이 일찍 피는 만큼 또 꽃은 금방 떨어지게 되고, 봄인가 싶었는데 어느새 여름인 거지. 봄이 엄청 짧다는 생각 안 드니?"

"생각해 보니 그러네요. 봄옷 입은 지 얼마 되지도 않았는데 벌써 덥더라고요."

"맞아. 금세 더워지지. 그러면 단풍도 빨리 들까?"

"음, 그렇지 않을까요? 단풍도 꽃처럼 예쁘니까."

"단풍도 꽃처럼 예쁘긴 하지만 지구의 기온이 올라가면 평균 기온도 올라가면서 오히려 단풍은 늦게 물든단다. 추위가 일찍 올수록 단풍이 빨리 드는데 지구 온난화 때문에 그게 안 되는 거지."

"지구 온난화요?"

"지구 표면의 온도가 점점 올라가는 거 말이다."

"아, 그게 그런 뜻이구나."

"그럼. 올해에는 예쁜 단풍을 빨리 보긴 힘들겠네요."

"그렇게 될 것 같구나. 이러다가는 매년 늦어질지도 모르겠고……."

"꽃이랑 단풍은 지구 온난화 때문에 괴롭겠네요."

"그렇겠구나."

"제 나무를 못 쓰게 만든 범인보다 지구 온난화가 더 나쁘네요. 나무 한 그루가 아니라 꽃도, 단풍도 엄청 많이 괴롭히잖아요."

"맞는 말이긴 하지만 지구가 더워지는 진짜 원인은 사람한테 있단다.

 세정이의 계절 노트

계절 변화와 단풍

단풍은 어떻게 초록 잎에서 붉은 잎이 되는 걸까요? 그것은 색소 때문이에요. 초록색으로 보이는 나뭇잎에는 다양한 색깔을 낼 수 있는 색소를 숨기고 있는데, 평소에는 나뭇잎에 들어 있는 엽록소에 가려져 그 색을 내지 못한다고 해요. 단풍은 붉은빛을 내는 색소
인 '안토시아닌'을 가지고 있는데, 잎에서 만든 당분이 미처 줄기로 이동하지 못해 안토시아닌 색소로 변하는 거예요.

가을이 되면 서늘한 기운이 돌고 공기도 건조해지면서 나무들은 물이 부족하게 됩니다. 나무는 살아남기 위해서 엽록소가 하는 활동을 멈추게 되지요. 그 결과 엽록소는 파괴되고 엽록소에 가려져 있던 나무의 색소들이 나오는데 이때 아름다운 단풍잎들을 볼 수 있는 거예요.

최근 기후 변화로 단풍잎의 색깔이 희미해지고 있어요. 이상 기후 때문에 단풍잎 속의 색소가 잘 만들어지지 않고 있기 때문이에요. 이렇게 온도가 올라가고 날씨가 따뜻해지면 단풍나무에서 만들어진 당분들은 색소와 결합하지 않고, 다른 부분들의 영양분이 되거나 숨을 쉬는 데 쓰이게 되지요. 이 때문에 붉은색의 안토시아닌이 적게 만들어져서 단풍잎의 색깔이 희미해지는 것이랍니다.

앞으로 40여 년 뒤에는 밤 기온이 3℃가량 더 오를 것으로 예측되고 있어요. 만약 이렇게 온도가 조금씩 올라가는 이상한 날씨가 계속된다면 단풍이 물드는 때도 늦어질 뿐더러 붉은 단풍을 볼 수 없을지도 모릅니다.

사람들이 편리한 생활을 하려고 석탄이나 석유도 사용하고, 숲도 파괴되면서 그렇게 된 거거든."

"네? 그럼 사람들이 나쁜 거네요."

"사람들이 다 나쁜 건 아니지만, 지구한테 몹쓸 짓을 많이 한 건 사실이지."

"아 참! 아저씨 제가 퀴즈를 맞혔으니까 약속하신 대로 범인에 대한 단서를 주셔야지요?"

"세정이가 단서라고 하니까 꼭 명탐정 코난 같구나."

"히히, 제가 좀 코난처럼 머리가 좋긴 하죠. 제로는 모든 것의 시작! 거기서 출발하지 않으면 아무것도 일어나지 않고 아무것도 달성할 수 없다고! 진실은 언제나 하나, 내 이름은 세정, 탐정이죠."

나는 코에 손가락을 대고, 고민에 빠진 코난 흉내를 냈어. 아저씨는 나를 보고 껄껄 웃으셨지.

"자, 탐정님. 이제 범인의 단서를 찾으러 가 볼까요?"

난 범인의 단서란 말에 침을 꼴깍 삼켰어.

 사계절이 사라진다면?

아저씨와 나는 엘리베이터를 탔어. 아저씨가 6이라는 숫자를 눌렀어. 숫자에 주황색 불이 들어왔고, 얼마 지나지 않아 엘리베이터는 천천히 올라가기 시작했어. 난 고개를 들어 카메라를 바라봤어. CCTV가 나를 찍고 있다고 생각하니 약간 소름이 돋지 뭐야. 누군가 나를 감시하고 있다는 말이기도 하니까.

아저씨는 여전히 어떤 말도 하지 않고 6층 복도를 걸었어. 복도에는 개미 새끼 한 마리 보이지 않았는데, 갑자기 어느 집 개가 컹컹 짖어 댔어. 나는 하마터면 소리를 지를 뻔했어. 나도 모르게 아저씨의 오른팔을 꽉 잡았지.

"쉿!"

아저씨는 나를 돌아보며 손가락을 입에 갖다 댔어. 나도 아저씨를 따라 하며 발소리를 더 죽였어. 아저씨는 복도 끝 계단에 이르자 발걸음을 멈췄지.

"여기야!"

"네, 여기가 제 화분이 있던 곳이에요."

"물론, 화분도 여기 있었지만 깨진 화분 말고 하나가 더 있었지."

"뭔데요?"

난 눈을 동그랗게 뜨고 소리쳤어.

"쉿! 범인이 우리를 보고 있을지도 모르니까. 여기, 바로 여기에 흙이 묻은 작은 발자국이 있었단다."

"진짜요?"

나는 다시 한 번 작은 목소리로 물었어.

"진짜, 여기예요?"

아저씨는 고개를 끄덕였지. 내 머릿속에서 퍼즐이 맞춰지기 시작했어. 엘리베이터에서는 서준이와 서우가 내렸고, 축구공을 다룰 정도라면 아무래도 서우보다는 서준이 쪽이 범인에 가까울 거야. 아니지, 서준이가 축구공을 가지고 잘 놀긴 하지만 서준이랑 서우는 두 살 차이이고……. 아무래도 신발을 확인해 봐야 정확한 범인을 알 수 있을 것 같았어.

아저씨는 정확한 신발 사이즈는 알 수 없다고 말했어. 직접 본 것도 아니고 청소하시는 아주머니한테 들은 얘기라 거기까지는 모르겠다고. 아저씨의 단서가 도움이 많이 됐지만 아직 서준이가 범인이라고 단정 짓기에는 무리가 있는 것 같았어. 내 마음은 서준이가 범인일 거라는 생각을 지을 수 없었지만 말이야.

다음 날, 나의 바람을 하늘에서도 들어주었는지 서준이와 서우의 신발 사이즈를 확인할 수 있는 좋은 기회가 왔어. 따뜻했던 날씨가 갑자기 이상해진 거야. 간밤에 눈이 엄청 내렸지 뭐야. 봄에 눈이라니. 그때 머리에 딱 스치는 게 있었지. 서준이가 아직 학교에 가지 않았다면 서준이가 학교에 가려고 나서는 뒤를 밟으면 되겠다는.

"그래, 눈 위에 서준이의 발자국이 찍히면 그걸 재서 목격자인 아주머니께 물어보면 되는 거잖아!"

난 아침도 안 먹고 서둘러 집에서 나왔어. 발자국이 사라지기 전에 증거를 확보해야 했거든.

최근의 우리나라 이상 기후

	2010	2011	2012	2013	2014
폭염(이상 고온) 열대야	• 여름철 폭염 지속 : 하루 평균 기온이 평년보다 높은 날 수 81일	• 9월 12일~17일 이상 고온 : 9월 15일 남부 지방 폭염 특보 • 11월 이상 고온 : 6.8~15.9℃	• 7월 상순~8월 하순 30일간 고온 현상 지속 : 7월 21일~8월 20일 폭염일수 13.4일, 열대야 일수 9.1일mm	• 여름철 폭염 지속 : 21.7℃~30.1℃	• 봄철 이상 고온 : 7.3℃~19.5℃ • 5월 중·하순 이상 고온 : 열대야 현상(제주, 강릉)
한파 (이상 저온)	• 12월 25일 이후 3주간 한파 지속 • 봄철 이상 저온	• 12월 23일 이후 39일간 한파 지속	• 1월 하순~2월 한파 지속 : 2월 평균 기온 -0.8℃	• 1월 상순, 2월 상순~중순 한파 : 하루 최저 기온 봉화 -25℃	
호우, 태풍	• 여름철 집중 호우 : 8월 강수일 18.7일 • 9월 21일 수도권 집중 호우	• 7월 집중 호우: 7월 9일~10일 (남부 지방 : 진주 361mm), 7월 26일~28일(중부 지방 : 동두천 675mm)	• 7월~9월 사이 4개 태풍[카눈, 블라벤, 덴빈, 산바] 상륙		
대설	• 1월 4일 중부 지방 대설 : 적설량 25.8cm				• 2월 6일~14일 동 해안 지방 최장 기간 대설 : 2월 11일 북강릉 하루 최다 적설 110cm
가뭄				• 제주도 가뭄: 7월~8월 강수량 140mm(평년 대비 25%)	

2015	2016	2017	2018	2019
• 11월~12월 이상 고온 : 11월 평균 11℃, 12월 평균 3.5℃	• 5월 이상 고온 : 12.4℃~25.1℃ • 여름철 폭염 : 폭염 일수 22.4일, 열대야 일수 10.8일	• 5월 이상 고온 : 12.5℃~25.4℃ • 7월 폭염 : 평균 기온 26.4℃	• 여름철 폭염 : 21.3℃~30.5℃, 폭염 일수 31.4일, 열대야 일수 17.7일	• 5월 이상 고온 : 평균 18.6℃ • 7월 하순~8월 중순 폭염 지속 : 평균 기온 27.5℃ • 10월 이상 고온 : 평균 기온 15.8℃
			• 1월 23일~2월 13일 저온 현상 지속 • 10월 이상 저온 : 평균 기온 13℃	
• 11월 호우 : 11월 강수량 127.8mm (평년 대비 26%), 11월 강수 일수 14.9일	• 10월 호우 : 10월 강수량 156.9mm(평년 대비 304%), 10월 강수 일수 10.7일			• 최다 태풍 영향 : 연 영향 태풍 수 7개, 가을 영향 태풍 수 3개
• 연 강수량 948.2mm, 여름철 강수량 388mm	• 3월~9월 일부 지역 강수 부족	• 연 강수량 967.7mm, 6월 강수량 60.7mm • 지역적 가뭄 지속		

자료: 기상청

"세정아, 학교 가니?"

눈을 치우시던 아저씨가 내게 인사를 건넸어.

"네. 그런데 아저씨, 서준이랑 서우 학교에 갔나요?"

"무슨 일인지 일찌감치 학교에 가던데?"

"네? 망했네, 망했어."

"뭐가 말이니?"

"에휴, 발자국요, 발자국!"

아저씨는 처음에는 무슨 말인지 못 알아들으셨지만 곧 눈치를 채셨어. 나는 엄청 실망했어. 서준이가 범인인지 아닌지 알 수 있었는데, 기회를 날려 버렸잖아.

"꽃도 피기 시작했는데 갑자기 이렇게 눈이 내리니, 이러다가 봄이 곧 사라지는 건 아닌지 모르겠구나. 제주도에도 유채꽃이 활짝 피었다는데, 서울에 난데없는 눈이라니······."

"아저씨는 별 걱정을 다 하세요. 어떻게 계절이 없어져요?"

"별 걱정이 아닌 게 아니란다. 지금 우리나라는 여름이 한 달 정도 길어진 반면에 봄·가을·겨울은 모두 짧아졌어. 지구 온난화 때문에 말이다."

"지구가 점점 따뜻해지는데 왜 봄이랑 가을이 짧아져요?"

"온도가 점점 올라가니 봄이 여름처럼 덥게 되고, 더운 여름이 길어

지면 가을은 뒤늦게 오니 짧아질 수밖에. 이런 식으로 뜨거워지는 지구를 내버려둔다고 생각해 봐. 네가 어른이 되는 몇십 년 후에는 봄이나 가을이 사라질지도 모를 일이지. 예전에는 봄이면 어머니가 산에서 쑥을 캐다가 개떡도 해 주시고, 봄나물도 많이 먹었는데. 가을에는 부모님 도와 고구마도 캐고, 밤도 따고 일손 돕느라 바빴고. 겨울에는 귀를 덮는 모자며, 장갑 끼고 썰매가 없어서 비료 포대를 타고 놀았는데 말이야."

아저씨는 내가 옆에 있건 없건 신경도 안 쓰고, 옛날 생각에 젖어드는 것 같았어. 아저씨 말을 듣다 보니까 내가 모르는 것들이 많더라고. 어른들이 옛날에 먹었던 것이랑 쓰던 물건이며 놀이 같은 것들이 사라진 것처럼 사계절도 사라져 버리는 게 아닌지 걱정이 되긴 했어. 사계절이 사라지면 여름 방학, 겨울 방학도 없어지는 거 아닐까?

괜히 마음이 무거워져서 학교로 가는데 배에서 꼬르륵 소리가 요란하게 나는 거야. 아저씨가 말했던 것처럼 우리 엄마도 오늘 봄나물로 반찬을 가득 만들었는데. 봄나물에, 계란, 고추장이랑 참기름까지 넣어서 비벼 먹으면 얼마나 맛있는지 알아? 증거도 잡지 못하고, 배만 더 고프고.

나는 요란하게 소리를 지르는 배를 붙잡은 채 학교에 가는 수밖에 없었어.

미친 듯이 더운 날씨, 미친 듯이 내리는 비

"이거 입을까, 아니면 이거? 춥지 않을까? 도대체 뭘 입어야 할지 모르겠네."

거울 앞에서 벌써 몇 분째 이러고 있는지 몰라. 눈이 엄청 내린 후에는 날씨가 좀 따뜻하다 싶었는데 요즘은 엄청 덥지 뭐야. 긴 소매 옷에 점퍼를 입자니 너무 더울 것 같았고, 반팔 옷을 입으면 조금 추울 것도

같았거든. 이 옷 저 옷을 입어 보느라 정신이 없었는데, 막 땀이 나는 거 있지. 창문을 열었어. 바람이 훌 불었어. 창밖을 보니 벚꽃이 눈처럼 흩날렸어. 눈 때문에 나무와 꽃들이 다 죽어 버렸으면 어떻게 하나 걱정했는데, 이상한 날씨에도 잘 버텼나 봐. 눈을 견디고 난 꽃들은 엄청 활짝 피어 자랑하더니 이렇게 금세 죽어 버렸지 뭐야. 늦게 봉오리를 맺었던 꽃들이 이제서야 피는 것도 있었어.

"세정아, 학교 늦는다!"

엄마 목소리에 정신이 번쩍 들었어. 에라, 될 대로 되라는 심정으로 반팔 티셔츠를 입고 그 위에 점퍼를 걸쳤어.

난 더운 건 딱 질색이거든.

"속에 입은 옷 반팔 아니니?"

"마, 맞아."

난 우유를 삼키며 말했어.

"너, 그러다가 감기……."

엄마 잔소리가 길어지기 전에 나는 입술을 닦으며 집을 나왔어.

"우산 가져가~."

현관문을 닫는데 엄마가 소리쳤어.

나는 복도 창문으로 하늘을 올려다봤어. 이렇게나 날씨가 좋은데 엄마는 왜 우산을 가져가라고 하는지 이해가 되지 않았어. 학교까지 걸어

가는데 땀이 났어. 나는 반소매 옷 입기를 잘했다고 생각하면서 점퍼를 벗었지. 시원한 바람이 겨드랑이를 간질이는 것 같아 기분도 좋아졌어. 진짜 곧 여름이 올 것 같았어. 그런데 다가올 여름을 생각하니까 더워서 또 어떻게 살아야 하나 하는 생각이 들더라고. 여름에는 조금만 움직여도 땀이 나니까 자꾸 시원한 에어컨 아래에만 있게 되거든. 시골 할머니네 계곡에 놀러가는 것은 정말 좋았지만, 나머지는 생각하기도 싫은 거 있지.

나는 학교에서도 점퍼를 입지 않고 수업을 받았어. 오전 수업이 끝나갈 즈음 해서 조금 썰렁함을 느꼈어. 점퍼를 입었지.

마지막 수업 시간이었어. 갑자기 천둥이 치는 거야.

"우르르 쾅, 쾅!"

"꺄-"

여자 아이들이 귀를 막고 소리를 질렀어. 나도 귀를 막았지. 하지만 난 소리는 안 질렀어. 탐정 자존심이 있지. 이깟 일에 소리까지야. 일순간 번쩍 하더니 바깥이 순식간에 어두워졌어. 얼마 지나지 않아 비가 쏟아지지 않겠어. 빗방울이 얼마나 굵은지 빗소리가 장난 아니었어.

그제서야 엄마가 우산 가져가라고 했던 말이 생각났어. 엄마 말을 들을 걸. 후회가 들었지만 이제 와서 그게 무슨 소용이겠어. 그보다 조금 걱정이 됐어. 우리 엄마는 일을 하시기 때문에 다른 엄마들처럼 우산을 가져다 줄 수가 없거든.

　친구들이 하나둘 집으로 돌아갔어. 우산을 미리 챙겨 온 아이도 있었고, 엄마가 우산을 가져와서 같이 돌아가는 아이들도 보였어. 비가 얼마나 거센지 비를 뚫고 집으로 갈 자신이 없었어. 비가 잦아들면 돌아갈 생각에 멍하니 비 오는 걸 보고만 있었지.

　"야, 강세정, 우산 쓸래?"

　서준이었어. 동생 서우는 어디 갔는지 안 보였어. 서준이의 손에 든 우산을 봤어. 작은 접이식 우산을 서준이와 같이 써도 될까 잠시 생각

했어.

아니, 그럴 수 없었어. 서준이는 내 나무를 죽인 범인이잖아. 내가 어떻게 범인의 도움을 받을 수가 있겠어. 나는 범인인 주제에 나한테 아무렇지도 않게 말을 거는 서준이가 싫었어.

"됐어, 우리 엄마 곧 오거든!"

난 거짓말을 했어. 엄마가 회사에 있을 시간에 학교에 올 리가 없는데도 말이야.

"그래? 아, 알았어. 나 먼저 간다."

서준이는 내 앞에서 우산을 쓰더니 사라져 버렸어. 도무지 비는 그칠 기미가 안 보였어. 점퍼를 뒤집어썼어. 막 달렸지.

그런데 중간쯤 누군가 내 머리 위에 우산을 씌워 줬어. 엄마였어. 난 갑자기 눈물이 나서 엉엉 울었어.

더 불행한 일은 엄마 말을 듣지 않았던 나는 다음날부터 감기 때문에 엄청 고생했다는 사실이지.

지구촌 이상 기후

최근 세계 곳곳에서는 날씨가 정상적인 상태에서 벗어난 이상 기후로 많은 사람들이 고통을 겪고 있습니다. 몇 주에 걸쳐 40℃가 넘는 더운 날씨로 사람들이 생명을 잃거나 다치는가 하면, 지나치게 많은 비가 내려서 도시가 잠겨 학교나 병원 같은 건물들이 파괴되기도 했습니다. 반면에 어떤 나라에서는 비가 내리지 않아서 극심한 가뭄 때문에 사람이 먹을 물을 구하기도 힘들 정도였습니다. 때아닌 눈이 내려 사람들이 오도 가도 못하거나 각종 시설물이나 사람이 큰 피해를 본 곳도 있습니다.

☁ 폭설로 뒤덮인 사하라 사막

사하라 사막은 지구에서 가장 더운 곳 중 하나로 꼽히는 지역이에요. 그런데 이곳에 약 40㎝가량의 엄청난 눈이 내렸어요. 사하라 사막에도 아예 눈이 내리지 않는 것은 아니지만 그 빈도가 점점 높아지고 있어 기후 학자들은 불안해하고 있어요.

☁ 최악의 한파, 체감 온도가 무려 영하 69℃

북미의 몇몇 지역은 기온이 영하 38℃까지 떨어졌고, 체감 온도는 무려 영하 69.4℃를 기록했답니다. 미국 동부에서는 심한 추위와 바람이 9일째 이어져 최소 19명이 사망했고, 주요 국제공항은 비행기 운행을 하지 못했어요.

☁ 중국에 기상 이변

초여름인 5월에 중국 동북부 헤이룽장성에서는 눈이 내리고 중부 허난성은 40℃를 넘기는 등 흔치 않은 날씨가 이어졌어요. 하루 사이 기온이 20℃ 이상 떨어진 곳도 많았어요. 하얼빈에서는 한겨울처럼 눈이 바닥에 쌓였고 눈으로 도로가 미끄러워지면서 고속도로 곳곳의 통행이 통제되기도 했어요.

☁ 박쥐의 뇌까지 태워 버린 폭염

호주에서는 최근 몇 년 동안 거의 50℃에 육박하는 폭염으로 사람들이 고통받고 있어요. 고속도로의 아스팔트가 녹았지요. 너무 더운 나머지 박쥐들 수만 마리가 죽었는데, 박쥐의 뇌가 바짝 타 버린 상태였다고 해요.

☁ 태풍으로 폐허가 되어 버린 섬나라

아프리카 남동부에 있는 섬나라 마다가스카르는 사이클론(태풍의 일종)으로 인해 최소 50명이 숨지고 17만 6000여 명의 이재민이 발생했어요. 몇 년 전에도 이 나라에서는 사이클론으로 100명 이상이 숨졌다고 해요.

☁ 때아닌 강추위가 몰아닥친 여름 나라

방글라데시 하면 여름 나라를 떠올리지요. 겨울에도 평균 기온이 영상 20℃ 안팎을 유지할 정도로 '따뜻한 나라'예요. 그런데 이 나라의 기온이 영상 4.5℃까지 떨어지는 '영상 강추위'가 닥치면서 50여 명이 얼어 죽는 일까지 벌어졌어요. 사망자의 대부분은 추운 날씨에도 옷이나 이불 등을 제대로 갖출 수 없는 저소득층이나 노인, 어린이 등이었대요.

봄과 가을은 정말로 사라질까?

사람들은 최근에 봄과 가을이 짧아진 걸 아쉬워합니다. 사람들이 느끼는 것처럼 봄과 가을은 진짜 짧아지고 있는 걸까요?

먼저 사계절을 하루 평균 기온이라는 기준으로 어떻게 나누는지 살펴볼게요.

평균 기온이 5℃ 이상 올라간 후 다시 떨어지지 않는 첫날을 봄, 20℃ 이상 올라간 후 다시 떨어지지 않는 첫날을 여름, 20℃ 미만으로 내려간 후 다시 올라가지 않는 첫날을 가을, 5℃ 미만으로 내려간 후 다시 올라가지 않는 첫날을 겨울이라고 정했어요. 이 기준으로 국립기상과학원에서 과거 30년(1912~1941년)과 최근 30년(1988~2017년)을 비교해 보았더니 봄은 88일→85일, 가을은 73일→69일로 약간 짧아졌어요. 겨울은 109일→91일로 18일 줄었고요. 반면에 여름은 98일→117일로 19일이나 길어졌지요. 이러한 자료로 미루어 볼 때, 사실 사라지고 있는 계절은 겨울입니다.

그런데 우리는 왜 봄과 가을이 점점 짧아지고 있다고 느끼는 것일까요?

일반적으로 사람들은 봄은 3~5월, 여름은 6~8월, 가을은 9~11월, 겨울은 12~2월처럼 달을 기준으로 사계절을 구분해요. 하지만 날씨를 연구하는 학자들은 보통 봄을 3월 셋째 주부터 5월 말, 가을은 9월 말에 시작해서 11월 말까지로 봅니다. 다시 말해 우리가 생각하는 것과 학자들이 생각하는 봄과 가을이라는 계절은 다릅니다. 우리는 3월을 봄으로, 9월은 가을로 생각하는데 전문가들은 3월은 겨울로, 9월은 여름으로 보는 것이지요. 그렇다 보니 사람들은 봄과 가을이 짧아지고 있다고 느끼는 거예요.

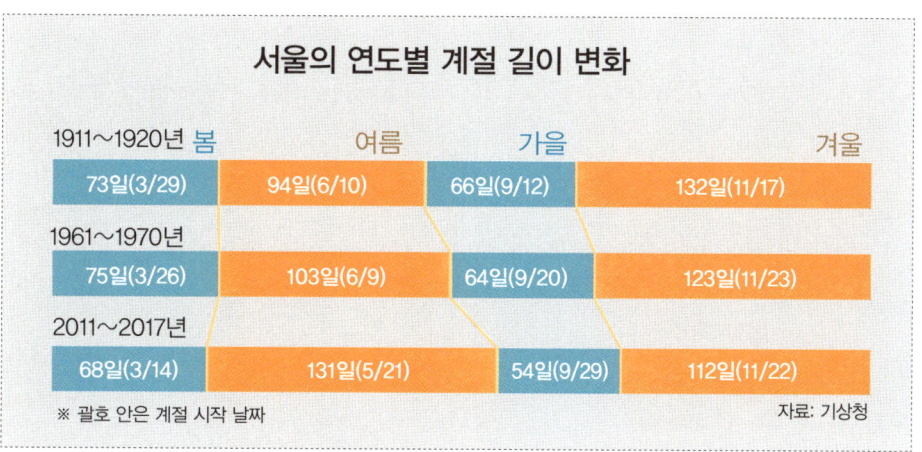

또 다른 이유는 원래 여름과 겨울이 봄과 가을보다 길기 때문인데요. 여름과 겨울을 합한 날은 8개월 정도이고, 봄과 가을을 합한 날은 4개월 정도입니다. 위에서처럼 겨울이 짧아지고 여름이 길어진다고 해도 길어진 만큼의 날보다는 봄과 가을을 합한 날이 훨씬 많아요. 특히 1970년대에 여름이 길어지면서 사계절의 날수가 달라졌지요. 그러자 봄이 빨리 시작되고 가을이 늦게 시작되면서 더욱 그렇게 느끼게 되었습니다.

마지막으로는 봄과 가을의 온도 차이가 크게 흔들리고 있기 때문입니다. 최근 봄인지 겨울인지, 봄인지 여름인지 구분하기조차 힘든 날씨가 이어지면서 뚜렷한 봄, 가을 날씨를 느끼기 힘들어졌습니다.

이대로 여름이 길어지면 어떤 좋은 점과 나쁜 점이 있을까요? 각자의 생각을 나누어 보세요.

OX 퀴즈

사계절에 관련된 내용입니다.
맞는 것에는 ○, 틀린 것에는 X 표에 동그라미하세요.

1. 꽃이 많이 피고, 동물들이 겨울잠에서 깨어나는 계절은 봄이에요. ○ X

2. 동물이 모든 행동을 멈추고, 잠을 자는 계절은 겨울이에요. ○ X

3. 사계절의 변화는 점점 뚜렷해지고 있어요. ○ X

4. 여름은 짧아지고, 겨울은 길어지고 있어요. ○ X

5. 가을이 되면 비가 많이 오고, 나뭇잎이 더욱 푸르러져요. ○ X

정답: 1.○, 2.○, 3.X, 4.○, 5.X

여름은 여름답게 겨울은 겨울답게

다람쥐 같은 동물은 겨울이 오기 전에 도토리를 모아 둬요.
잠을 자다가 에너지가 필요하면 깨어나 도토리를 먹어요.

계절이 바뀌면 생활도 변해요

우리나라에 열대 과일이?

"어휴 더워, 더워서 잠이 안 오네."

내 방에는 에어컨이 없어서 거실 에어컨을 틀고 내 방문을 열어 놓곤 했어. 작년 여름에는 이렇게 하면 잠도 잘 잤어. 덥지도 않고 춥지도 않고 딱 좋았거든. 그런데 이번 여름에는 어떻게 된 게 너무 더워서 잠을 이루기가 힘들었어.

"세정이, 더워서 나왔구나. 늘 그랬었지만 이번 여름에는 열대야가 유달리 심하네."

부엌에 나와 계시던 엄마가 말했어.

"열대야요? 더위 때문에 잠자기 어려운 밤 말이죠?"

"그래, 매년 열대야가 더 길어지는 것 같아. 얼마 전에는 비가 너무 많이 내려서 사람들이 고생했는데, 지금은 너무 더워서 죽는 사람들까지 있으니……."

엄마가 말끝을 흐렸지만, 나도 뉴스를 봐서 알고 있었어. 비 때문에 어떤 집들은 물이 무릎까지 찼고, 사람들은 물을 퍼내느라 엄청 고생하고. 또 폭풍이 불어서 나무도 쓰러지고, 담장도 무너졌다고 하고. 심지어는 밖에 나갔던 할머니 한 분이 너무 더워서 돌아가시는 일도 생겼

열대야

열대야란 밤에도 최저 기온이 25℃를 넘는 경우를 말해요. 지구의 표면은 낮에 태양열로 더워졌다가 밤이 되면 그 열을 내보내는데 지구를 둘러싸고 있는 기체(대기) 중의 수증기(물이 날아가서 기체가 됨)와 이산화탄소라는 기체가 이 열을 흡수해 땅 위로 되돌려 보내면서 기온이 올라가는 것입니다.

밤에 잠이 쉽게 들지 않는 이유가 있어요. 높은 온도뿐만 아니라 습도까지 높으면 몸이 찌뿌둥하거나 불편해지는 등 불쾌지수가 오르게 됩니다. 불쾌지수가 80 이상이 되면 신경이 예민해지고 생활도 예전과 같지 않아요. 잠을 자더라도 깊게 들지 못하고, 자주 깨기 때문에 온몸이 뻐근하고 피곤하며 낮 시간에는 멍하거나 무기력한 상태가 되는데, 이런 상태를 일컬어 열대야 증후군이라고 합니다.

대. 나이가 많으신 분들이나 나 같은 어린이는 밖에 나가는 걸 조심하라고 방송도 나왔어. 길에는 햇볕을 피하라고 세워 놓은 파라솔이나 천막도 있잖아. 뜨거운 햇볕이 사람의 목숨을 빼앗을 수 있다니…….

엄마는 여름 방학이 끝나기 전에 신나게 놀고 오자며 제주도 여행을 얘기하셨어. 거기까지는 좋았는데, 서준이네도 같이 가기로 했다지 뭐야. 우리끼리만 가자고 부모님께 얘기했지만 이미 비행기랑 잠잘 곳도 다 예약을 했다며 안 된다고 하시는 거야. 난 그러면 집에 있겠다고 고집을 부렸어. 하지만 나 같은 어린이를 집에 혼자 내버려둘 부모님은 아니셨지. 혼자서 어디에 갈 자유도 없는 어린이 신세에 한숨이 났어. 난 혼자서도 뭐든 잘 할 수 있는데, 왜 엄마 아빠는 안 된다고 하시는지.

"초콜릿 박물관에도 갈 건데, 가면 네가 좋아하는 초콜릿 실컷 먹을 수 있는데?"

이 말에 마음이 살짝 흔들렸어. 게다가 서준이가 범인인지 아닌지 알아볼 수 있는 좋은 기회라는 생각도 들었어. 그래서 마음을 바꿨지. 초콜릿도 실컷 먹고 범인도 잡으면 되잖아!

초콜릿 박물관은 엄마 말대로 끝내주는 곳이었어. 초콜릿 성처럼 생긴 박물관이며, 그네랑 빨간색 차도 정말 예뻐서 사진도 엄청 찍었어. 서준이와 서우는 시소며 놀거리 쪽에 더 관심이 많았지. 둘은 박물관에 있던 초콜릿으로 만들어 놓은 스파이더맨을 보고 침을 흘렸어. 난 초콜

릿을 만드는 카카오나무와 열매가 신기해서 오랫동안 구경을 했지.

 영화 「찰리와 초콜릿 공장」에서나 나오는 초콜릿 분수도 있었어. 초콜릿이 쉴 새 없이 쏟아져 내리는 초콜릿 분수라니. 저런 게 우리 집에도 하나 있으면 얼마나 좋을까 하는 생각이 들었지. 달콤한 냄새에 연신 침을 삼켰어.

 제일 신나는 건 내가 직접 초콜릿을 만드는 거였어. 진짜 요리사처럼 멋진 모자도 쓰고, 예쁜 모양에 맛좋은 초콜릿을 그렇게 쉽게 만들 수 있을 줄이야. 초콜릿을 만드는 과정은 간단해. 하얀색과 짙은 갈색의 초콜릿 덩어리를 녹이고, 녹인 것을 짤주머니에 넣은 다음 틀에 넣으면 돼. 초콜릿이 굳어야 하니까 기다리는 건 필수야. 기다림의 시간을 보내야만 맛있는 초콜릿이 내 손에 들어오게 되거든.

서우는 아직 어리니까 서우네 엄마가 도와줬지만 난 엄마의 도움 없이도 근사한 초콜릿을 만들 수 있었어. 서준이가 만든 못난이 초콜릿들을 보는 순간, 내가 그렇게 자랑스러울 수가 없었다니까.

덤으로 엄마, 아빠가 비싼 초콜릿까지 사 주셨지. 초콜릿을 실컷 먹었는데도 난 또 초콜릿이 먹고 싶었어. 정말 행복했지.

그뿐만이 아니었어. 더운 나라에서 나는 과일도 실컷 먹었다고. 외국에서나 들어오던 바나나, 망고, 파파야 같은 과일들을 제주도에서 키우고 있었거든. 농장 사장님하고도 얘기를 나눴어.

"와, 어떻게 이런 과일이 자라요?"

"지구 온난화 때문에 제주도 기온이 올라갔거든. 원래 토마토를 키웠는데 몇 년 전부터 망고를 키우기 시작했단다."

"키우기 힘들지 않으세요?"

"원래 제주도에서는 키울 수 없는 것이었으니까 처음에는 너무 힘들었지. 아무것도 몰랐으니까. 그래서 외국인 친구한테도 물어보고, 견학도 다니고, 온난화 대응 농업 연구소나 농업 기술 센터에 가서 열대 과일을 잘 키우려면 언제 물을 주고, 온도나 습도는 어떻게 맞춰야 하는

 세정이의 계절 노트

우리나라의 제철 과일과 제철 채소

우리나라는 사계절 덕분에 계절마다 다른 곡식, 채소, 과일이 납니다. 최근에는 비닐하우스가 널리 퍼져서 계절에 상관없이 언제든 계절별 음식을 먹을 수 있지요. 그럼에도 불구하고 요즘에는 제철 음식에 대한 관심이 늘고 있습니다. 제철이란 최고의 맛을 낼 수 있고, 가장 많은 수확이 가능한 시기를 말해요. 따라서 제철에 먹는 음식은 영양이 풍부하고, 다른 계절에 먹는 것보다 더 맛이 있지요.

그렇다면 우리나라의 계절별 제철 과일과 채소로는 무엇이 있을까요?

봄에는 달래, 냉이, 쑥, 상추, 두릅, 씀바귀, 고들빼기, 딸기, 한라봉, 앵두 등이 있어요. 여름에는 오이, 양파, 감자, 열무, 옥수수, 도라지, 수박, 참외, 토마토, 복숭아, 자두, 포도 등을 얻고요. 가을에는 당근, 고추, 팥, 사과, 감, 대추, 유자 등의 먹을거리를 만날 수 있습니다. 겨울에는 연근, 시금치, 늙은 호박, 산마, 귤, 바나나, 레몬, 배 등을 거둬들이게 됩니다.

지 공부했단다."

"정말 대단하세요!"

우리는 열대 과일 나무와 열매를 구경하면서 농장 사장님 이야기를 들었고, 놀라지 않을 수 없었지. 날씨가 따뜻해졌다고 해서 열대 과일이 저절로 자라는 건 아닌가 봐. 사장님은 나보다 더 열심히 공부하시는 것 같았어.

지구 온난화는 사람에게도 지구에게도 나쁜 건데, 우리나라에서 열대 과일을 키울 수 있게 되다니 참 이상하다는 생각도 들었어. 나쁘기도 하고 좋기도 하고 마음이 복잡해졌지.

바닷물이 따뜻해지면 물고기가 이사를 한다고?

"악!"

내 머릿속 김이 꺼져 버린 건 순식간이었어. 서준이와 서우가 다 먹은 코코넛을 가지고 축구를 한답시고 발로 찼는데, 그게 내 발 쪽으로 날아와서 나를 치고 만 거야. 난 비명을 질렀고, 서준이를 곧바로 노려봤어. 다치지는 않았지만 정말 놀랐다고. 난 서준이를 쳐다봤어. 범인 주제에 어떻게 나한테 이럴 수 있지? 도대체 생각이 있긴 있는 건지. 자기 동생이랑 똑같이 노는 서준이를 보며 혀를 끌끌 찼어. 한숨까지 나오더라니까.

"야, 차서준! 넌 눈을 어디에 달고 있는 거야?"

"미, 미안해. 그게 어떻게 거기로 굴러가냐."

"미안하면 다야? 다른 할 말은 없어?"

난 서준이가 자신의 죄를 고백하길 바랐어. 마음 넓은 내가 그 기회를 준 거였고. 그런데 이 바보는 머리만 긁적긁적하더니 무슨 말을 어떻게 하라고 그러느냐는 것처럼 멀뚱멀뚱 나만 쳐다보는 게 아니겠어. 이런 바보, 멍청이 같으니라고.

"세정아, 아저씨가 이 녀석들 단단히 혼내 줄게. 그러니까 마음 좀 풀어."

서준이네 아빠가 그렇게 말씀하시는데 내가 어떻게 하겠어. 더군다나 서준이네 아빠는 나랑 통하는 데가 있었어. 서준이랑 다르게 재미도 있고, 센스도 만점이었어. 또 나를 보면 딸이 없다며 딸처럼 예뻐해 주셨으니까. 난 아저씨를 봐서 그 정도로 그쳤어.

우리는 숙소에서 쉬다가 저녁을 먹으러 횟집에 갔어. 숙소에서도 서준이와 서우는 어디서 그렇게 기운이 나는지 한시도 가만있지 않더라고. 양심이라곤 눈곱만큼도 없는 녀석. 생각할수록 괘씸했어.

식당에 가자마자 서준이와 서우는 물고기 구경을 하느라 커다란 어항에 매달려 있었지. 갖가지 물고기가 어항 안에서 헤엄치고 어떤 물고기는 움직이지 않아서 죽은 게 아닌가 하고 생각했는데, 서우가 손으로 유리를 툭툭 건드리니까 물고기가 갑자기 움직여서 깜짝 놀랐어. 서우도 나처럼 겁먹은 표정이었어. 서준이는 아주 이마를 유리에 대고 이 물고기 저 물고기를 보며 이름을 불러 댔어. 동물 쪽으로는 내가 좀 서준이한테 밀리기는 해.

"애들아, 어서 와라. 배고프겠다."

"이게 민어입니다. 여름철 보양식이죠. 오징어는 애들 좀 먹이세요. 여름엔 크기가 작은 오징어들이 많이 잡히는데 부드럽고 맛있어요."

"요즘에는 겨울에도 동해안에 멸치나 방어 같은 게 있다면서요?"

기후가 바뀌면 잡히는 물고기도 달라져요!

우리나라 바다의 표면 온도는 최근 50년 동안 약 1.1℃ 올라갔어요. 물의 온도가 올라가면 바닷속에서도 큰 변화가 생겨요. 바닷물 속의 따뜻한 흐름인 난류가 차가운 흐름인 한류를 밀고 올라와서 차가운 물이 내려오지 못하도록 합니다. 그래서 따뜻한 물에서 사는 고등어류, 멸치, 오징어, 가자미, 삼치 등이 늘어나고, 차가운 물에서 사는 명태, 꽁치, 대구, 도루묵 등은 줄어들게 되지요.

이런 변화는 우리나라의 물고기, 조개, 해초 등의 수산물 지도를 바꾸고 있어요. 우리가 자주 먹던 명태와 갈치는 잘 잡히지 않아 2000년대 이후에는 귀한 몸이 되었어요. 반면에 오징어, 고등어, 멸치 등 따뜻한 물에서 사는 물고기의 종류는 전보다 많이 잡히고 있고요. 또 더운 곳에서 사는 아열대성 물고기인 참다랑어, 귀상어, 보라문어와 대형 해파리 등이 남해와 서해 등지에 심심치 않게 나타나고 있답니다.

한반도 주변 어종 분포 변화

자료: 국립 수산 과학원

"맞습니다. 기후 변화 때문에 우리나라 물고기 분포가 많이 달라졌어요. 겨울이 되면 멸치, 오징어, 방어 등이 내려와야 하는데 바다 온도가 높다 보니까 남쪽으로 내려오질 않아요. 동해안에서는 명태나 도루묵 같은 게 줄고 있고요. 그것뿐인가요. 김이나 미역, 다시마 같은 해조류도 마찬가지고요. 낮은 온도에서 사는 해조류들이 점점 북쪽으로 가고 있으니까요."

"아빠, 김도 발이 달렸어요?"

상을 차려 주시는 아저씨의 말을 가만히 듣고 있던 서우가 말했어. 우리 모두 웃었지.

"언젠가는 해파리 때문에 엄청 고생한 적도 있어요. 온난화로 바다 온도가 올라가니 해파리 수가 늘어나서 어부들이 큰 피해를 입고 있죠. 고기가 잡혀야 말이죠. 손님들은 고기 가격이 비싸지니 가게에 잘 오시지 않고요."

"몇 년 전에 제주도도 해파리 때문에 해수욕장 문을 일찍 닫았었죠?"

"네, 근데 해파리를 막을 방법이 없다고 하니 올해는 그런 일이 없기를 바라는 수밖에요. 그런데 이놈의 날씨를 종잡기가 힘드니. 해가 갈수록 날씨가 더 이상해지는 것 같아요."

난 아저씨의 말을 듣다가 소스라치게 놀랐어. 물고기 아가미가 움직이는 게 아니겠어. 물고기 눈이 움직일까 봐 겁이 났어. 엄마가 눈치를 채셨는지 상추로 물고기 얼굴을 살짝 덮었어. 아휴, 죽었다 깨어나도 난 회는 못 먹을 것 같아.

　서준이는 게를 먹고 있었어. 얼굴을 한 번 봤지. 서준이는 내가 쳐다보는 것도 모르고 먹는 데 열중했어. 어쩌면 서준이가 범인이 아닐 수도 있다는 생각이 번개처럼 뇌리를 스쳤어. 도둑이 제 발 저린다고 하던데 평소와 똑같은 서준이를 보니 내 추리가 잘못된 게 아닐까? 서준이가 범인이 아니라면 도대체 누가 범인일까? 머리가 지끈지끈 아파 왔어.

 부족한 물

　즐거운 일이 끝나면 슬픈 일이 온다더니 그 말은 사실인가 봐. 며칠 동안 제주도 날씨는 끝내주게 좋았는데, 돌아가기 전날부터 제주도에 태풍주의보가 내린 거야. 서울로 돌아간다는 생각에 좋아했는데 이게 무슨 일인지 모르겠어. 하루면 괜찮아질 줄 알았는데, 다음 날도 그 다음 날도 계속 비가 내리고 바람도 불었어. 비가 좀 그치는 것처럼 보이면 바람은 더 거세지는 것 같기도 했고.

　이 와중에 서준이와 서우는 숙소 거실에서 그놈의 축구를 하고 있지 뭐야. 그런 서준이의 모습을 보면서 반드시 증거를 잡고야 말겠다고 다짐했어.

저녁 식사 시간이었어. 폭풍우가 가라앉고 난 다음처럼 오랜만에 평화가 찾아왔어. 서준이와 서우가 밥 먹을 때는 조용했거든.

"서울에는 오늘 하루 동안 46.3㎜의 비가 내렸습니다. 제주도 한라산과 강원도 미시령 등지에는 100㎜ 넘는 비가 내렸습니다. 전국 곳곳에서 폭우와 강풍이……."

뉴스에서는 온통 날씨에 관한 것뿐이었어.

"다른 데 틀어 봐요. 제주도 날씨가 집중적으로 나오는 곳이 있지 않을까요?"

엄마도 답답한지 아빠에게 다른 방송을 보자고 했지. 엄마는 오늘 휴가가 끝나는 날이었거든. 회사에 사정을 얘기하기는 했지만 마음이 편하시지 않은 모양이었어.

"강풍으로 부산 김해 공항과 제주 공항에서는 항공기 결항이 잇따르고 있습니다. 기상청 관계자는……."

"이례적인 기상 현상은 우리나라만 그런 건 아닌 것 같던데."

"그러게, 올 초에 인도에서는 초겨울 추위가 찾아와서 휴교령이 떨어졌대. 인도는 겨울철에도 20℃ 이하로 떨어지는 일이 없다는데……."

"인도에는 난방 장치도 없는 거 아니에요?"

"맞아요. 그러니까 큰 곤란을 겪은 것 같더라고요. 반대로 모스크바는 140년 만에 가장 따뜻한 겨울이었다고 하더라고요. 영상 기온이라서 스노보드 행사를 위해 인공 눈을 뿌려야만 했대요."

"베네치아는 비가 많이 내려서 침수됐대요."

"오히려 에티오피아는 기후 변화로 가뭄이 생겼대요."

"비가 이렇게 많이 오는데 왜 가뭄이 생겨요?"

어른들 얘기를 가만히 듣고 있던 서준이가 기특한 질문을 했어.

"지구의 온도가 점점 올라가면서 사막이 늘어나고 있고, 오랫동안 가뭄이 생기니까 강도 마르지. 강물이 줄어들면 먹을 물이 줄어들고. 물론 우리나라에서는 물을 맘껏 먹고 사용하지만 사실 우리나라도 물 스트레스 국가란다."

"이렇게 홍수가 나고 태풍이 불면 상하수도 시설에도 영향을 미쳐서 물이 오염될 가능성도 있지."

"그럼, 우리가 오염된 물을 먹을 수도 있겠네요."

나는 심각한 얼굴로 물었어.

"그렇지, 그러면 사람들에게 병이 생길 수도 있고."

"기사에서 봤는데, 이미 10억 명이 넘는 사람들이 깨끗한 물을 구할 수 없다는구나. 텔레비전에서 봤을 것 같은데, 어린아이가 학교에도 가지 못하고 물을 구하러 먼 길을 떠나는 모습 말이야. 그것도 깨끗한 물이 아닌데도 불구하고."

"아라비아 사막이나 아프리카 사막에는 거의 비가 내리지 않아서 물이 귀하다고 했어요."

"맞아, 반면에 인도네시아나 방글라데시처럼 원래 비가 많이 내리는 곳은 강수량이 크게 늘어 홍수가 일어나기도 하고."

"그럼 날씨가 이상하니까 비가 잘 안 내리던 지역은 비가 더 안 내려서 마실 물이 없고, 비가 많이 내리는 곳은 홍수 때문에 피해가 더 심하고 그런 거예요?"

"그렇지, 세정이가 이해를 아주 잘 했구나. 봄이 되면 중국에서 넘

가뭄

가뭄은 비가 오랫동안 내리지 않거나 비가 적게 오는 기간이 계속되는 날씨를 말해요. 가뭄이 길어지면 각종 농작물을 키워서 재배할 수 없을 뿐만 아니라 사람이 먹는 물도 부족해집니다.

지구의 온도가 올라가면서 일정한 곳에 내리는 물의 총량인 강수량도 많아질 거라 예상하지만, 흥미롭게도 강수량이 늘어나면 가뭄도 같이 일어날 가능성이 높습니다. 강수량이 많아져도 기온이 높아지면 강이나 땅으로 흘러들어간 물이 빨리 사라지게 되고, 그에 따라 사람이 사용할 수 있는 물의 양도 적어진답니다.

어오는 황사 때문에 고생하잖니. 황사가 심한 이유도 중국 내륙에 비가 내리지 않아서 사막이 점점 넓어지기 때문이란다."

"동물도 물 없어요."

갑자기 서우가 어디에서 본 건지, 들은 건지 엉뚱한 소리를 했어.

"와, 우리 서우가 잘 아네. 서우 말처럼 이런 일은 동물과 식물에도 영향을 미친단다. 지구의 품 안에서 동물과 식물이 건강하게 자라려면 물이 반드시 필요한데, 지구의 기후 변화 때문에 어떤 곳은 물이 없고, 어떤 곳은 비가 많이 내리고 해서 동식물도 고스란히 그 영향을 받는단다."

우리는 밥을 먹으면서 날씨에 관해 더 많은 얘기를 했어. 처음 듣는 이야기가 신기하기도 했고, 얘기를 들으면서 걱정이 되고 가슴이 아프기도 했어. 그리고 지구의 온도가 더 이상 올라가지 않게 하려면 어떻게 해야 하는지에 대해서도 알게 됐어. 물과 전기를 아껴 쓰면 지구의 온도를 높이는 이산화탄소의 양을 줄일 수 있대. 쓰레기를 줄이고 물건을 재활용하는 것도 이산화탄소를 줄일 수 있는 방법이고. 왜냐하면 전기를 생산하거나 물건을 만드는 공장이 돌아갈 때 화석 연료를 사용하는데, 이때 이산화탄소가 많이 나오기 때문이야.

숙소에만 있는 게 답답했지만 그 시간 동안 난 좀 어른이 된 것 같았어. 뭔가 생각이 많아졌거든. 지구를 아프게 만든 걸 반성하기도 했고, 지구를 더 이상 아프게 하면 안 될 것 같았어.

세정이의 계절 노트

가뭄을 극복하기 위한 물 절약 실천

양치 컵 사용하기
양치할 때 양치 컵을 사용하면
4.8ℓ 물 절약

샤워 시간 줄이기
샤워 시간을 1분 줄이면
12ℓ 물 절약

빨래 모아서 하기

빨래를 한 번에 모아서 하면 20~30% 물 절약

수압 밸브 조절하기

수압 밸브를 조절하면 20~30% 물 절약

비누칠할 때 물 잠그기

비누칠할 때 수도꼭지를 잠그고 손을 씻으면
6ℓ 물 절약

설거지할 때 물 받아서 하기
설거지할 때 물을 받아서 하면 74ℓ 물 절약

하루에 물 10%만 줄여도 2.5톤 팔당댐이 두 개!

허드렛물 재활용하기

허드렛물을 버리지 말고 청소할 때 재사용하면
20% 물 절약

3장 계절이 바뀌면 생활도 변해요

곡식이나 채소, 과일, 나무가 자라는 곳이 변해요

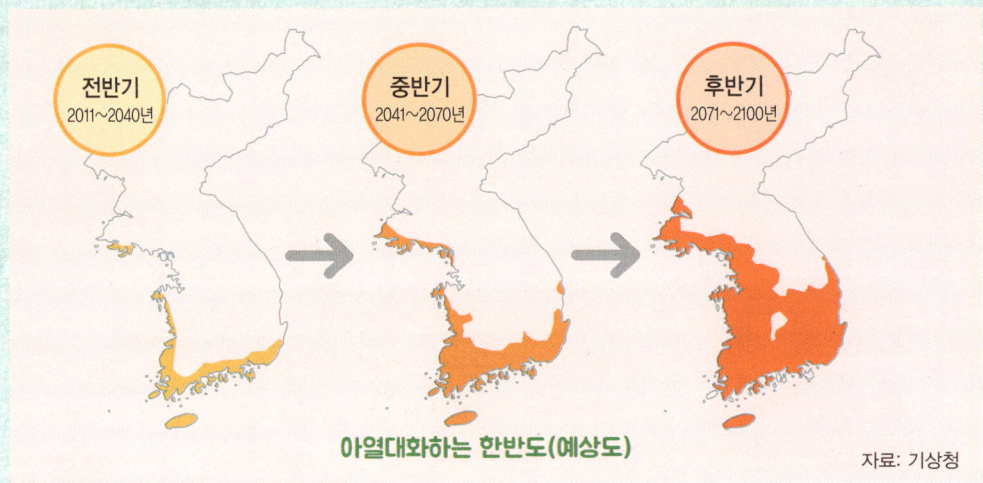

아열대화하는 한반도(예상도) 자료: 기상청

작물별 재배 가능 지역 현황 및 예상
자료: 통계청

열대 과일 재배지로 바뀌고 있는 한반도
자료: 온난화 대응 농업 연구소

작물명	과거 주산지	이동 주산지
사과	경북 영천	강원 정선, 영월, 양구
복숭아	경북 청도	충북 충주, 음성/강원 춘천, 원주
포도	경북 김천	충북 영동/강원 영월
단감	경남 김해, 창원, 밀양	경북 포항, 영덕, 칠곡
감귤	제주	전남 고흥/경남 통영, 진주
인삼	충남 금산/경북 영주	경기 이천, 연천/강원 홍천, 횡성, 춘천

기온 상승에 따른 주요 농작물의 주산지 이동

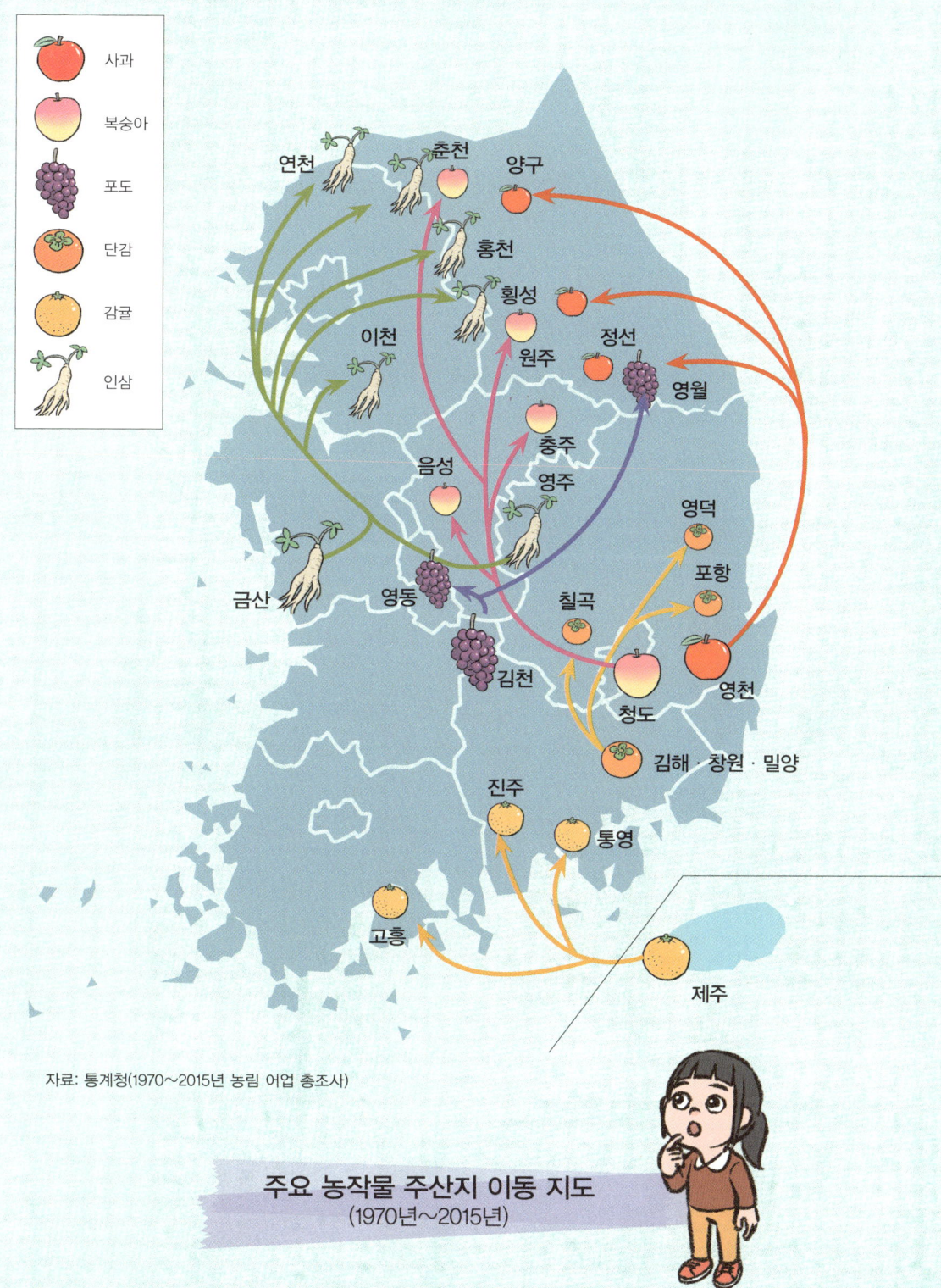

 토론왕 되기!

하루에 사계절이 한꺼번에 올 수 있을까?

우리나라는 사계절이 뚜렷하고 가장 추운 달의 평균 온도가 -3~18℃인 온대 기후입니다. 봄에는 따뜻하다가 여름에는 무척 더워지고 비가 많이 와요. 가을이 되면 선선해지고 겨울이 되면 추워집니다. 대체로 이렇게 뚜렷한 계절적 특징을 보이던 우리나라의 날씨가 최근 변덕스럽게 바뀌고 있습니다. 다음은 우리나라에서 일어났던 날씨 변화에 관련된 한 기사입니다.

서울에는 폭우가, 강원 산간에는 폭설이 내렸다. 제주에는 유채꽃이 활짝 피었다. 하루 동안 한국에서는 사계절의 날씨를 전부 볼 수 있었다.
서울에는 1월 7일 단 하루 동안 46.3㎜의 비가 내렸다. 1월 초순 하루 동안의 강수량으로는 113년 만에 가장 많은 비였다. 폭우는 전국 곳곳에 쏟아졌다. 인천, 수원, 춘천, 철원, 동두천, 파주, 상주, 고창, 홍성, 인제, 홍천, 제천, 천안, 세종에서도 관측 이래 1월 중 최다 강수량 기록을 깨는 비가 내렸다. 제주도 한라산과 강원도 미시령·진부령 등지에는 100㎜가 넘는 비가 내렸으며, 전국 곳곳에서 초속 20~30m의 강풍이 불었다.
제주도를 비롯한 남부 지역에는 초여름 날씨가 찾아왔다. 제주 낮 최고 기온은 23℃를 넘어섰다. 일 최저 기온은 18.5℃로 평년보다 13~15℃ 이상 높은 수준으로 1923년 기상 관측 이래 가장 높은 기온이었다. 도심 곳곳에서는 봄꽃인 청매화와 철쭉이 피었고, 시민들은 반소매 티셔츠를 입고 거리에 나왔다. 완도(19.5℃), 해남(18.8℃), 고창(18.1℃), 남원(17.5℃), 여수(17.4℃)에서도 1월 최고 기온을 갱신했다.

경향신문 2019/04/19

우리나라에서 하루 동안 사계절 날씨가 한꺼번에 나타났다는 것을 확인할 수 있습니다. 어떻게 이런 일이 생길 수 있었을까요? 기상청 관계자에 따르면, 겨울인데도 불구하고 차가운 기운이 약해 기온이 높아지고 비가 자주 내리는 가운데 발달한 고기압과 남서쪽에서 올라오는 저기압 등이 겹치면서 따뜻하고 습기가 있는 공기가 계속 흘러들어왔기 때문이라고 합니다.

이와 같이 보통 때와 다르게 특이한 날씨를 보이는 일은 예전보다 자주 생기고 있으며, 우리나라뿐만 아니라 세계 여러 나라에서도 기이한 일들을 겪고 있습니다.

위 기사에 나타난 것처럼 이상한 날씨가 일어나게 된 배경이 무엇인지 자신의 의견을 말해 봅시다.

계절답지 않은 계절, 어떻게 해야 할까요

 물 관리가 필요해

요새는 다른 일에 정신이 팔려서 범인 찾는 일에 집중을 못 하고 있어. 뭐, 지난번 여행 이후로 서준이가 범인이 아닐지도 모른다는 생각이 들었고, 내가 범인을 잘못 짚은 게 아닌가 의심도 됐고 말이야. 마침 학교에서는 홍수로 피해를 본 인도 사람들을 돕기 위한 바자회를 열기로 했거든.

나는 일단 머리를 좀 식히기도 할 겸 바자회 준비에 신경을 썼어.

이번 여름에 인도에서 홍수가 났고, 많은 사람들이 큰 피해를 입었대. 올해 초에 인도에서는 눈이 엄청 내렸다고 했는데……. 인도의 날씨도 점점 이상해지고 있는 것 같아. 아빠 말씀으로는 몇 년 전까지만 해도 우리나라 사람들도 홍수 때문에 집이나 차를 잃고, 사람까지 해를 입는 일이 있었대. 텔레비전에서 아빠의 어깨에 올라타거나 뗏목을 타고 피신하는 인도 어린이의 모습을 봤어. 물이 거의 어른들 허리까지 닿는 거 있지. 많은 사람들의 생명도 앗아갔다고 하니 정말 큰일이야.

학교 선생님은 바자회를 열기 전에 최근 일어나는 날씨가 변화, 정확히는 기후라고 했어. 기후가 변하면서 홍수와 가뭄이 많이 생기게 된 이유에 대해 알려 주셨어.

"지구 온난화라고 들어 본 적 있나요?"

"지구의 온도가 점점 올라가는 현상이요."

나는 '현상'이라는 단어를 힘주어 말했어. 다른 친구들에게는 좀 어려울지도 모르는 말을 사용하면 좀 더 똑똑해 보일 테니까 말이야. 그동안 나도 모르게 지구 온난화에 대해 알게 된 사실이 많았거든.

"세정이가 잘 알고 있구나. 지구 온난화가 계속되면, 즉 지구의 온도가 지금처럼 조금씩 조금씩 계속 올라가면 바다 수면이 높아지고, 강수량에 변화가 생겨요. 강수량은 어떤 곳에 일정 기간 동안 내린 비, 눈, 우박, 안개 등 물의 총량을 말해요. 강수량의 변화가 생기면 어떤 일이 일어날까요?"

나는 다른 친구에게 기회를 주려고 잠시 기다렸어. 그런데 아무도 손을 들지 않는 거야. 그래서 내가 손을 막 들려고 하는데 누가 번쩍 손을

들지 뭐야. 난 눈이 휘둥그레졌어. 서준이었어. 여태껏 서준이가 손을 들고 발표를 하는 건 처음 봤거든.

"홍수나 가뭄, 기상 이변이 생깁니다."

기상 이변이라니. 서준이가 저런 어려운 말을 안다니 난 조금 충격을 받았어. 제주도에 여행 갔을 때 어른들끼리 홍수에 대해 이런저런 얘기를 할 때 관심도 없던 것처럼 게임만 하고 있던 주제에 언제 저런 걸 알고 있는 거지? 뭔가 수상한 냄새가 났어.

"서준이 말이 맞아요. 바람, 구름, 비 등 하늘에서 일어나는 여러 가지 일들이 예상하지 못한 쪽으로 일어나는 거예요. 예를 들어 볼게요. 기온이 1℃ 올라가면 우리 눈에는 보이지 않지만 지구가 대기 중에 품는 물은 7% 정도 늘어나게 돼요. 어떻게 보면 예전보다 우리가 더 큰 물통을 머리 위에 이고 사는 것과 같지요."

"물통이 떨어지면 어떻게 해요? 무서워요!"

누군가 말했어. 친구들은 한바탕 웃음을 터뜨렸지.

"그러게, 정말 큰일이 생기겠죠. 한번 채워진 물통이 터지면 한꺼번에 물이 막 쏟아질 테고. 또 더 커진 물통에 물을 채우려면 시간은 더 걸리고, 비가 오는 날은 줄어들게 되고요."

친구가 한 말이 웃겨서 그냥 웃었는데, 선생님 이야기를 듣고 나니 그냥 웃을 일이 아니더라고.

"열대나 적도와 같은 더운 지역에서는 지구의 온도가 올라가게 되면 땅에 숨어 있던 물이 하늘로 빨리 올라가요. 땅속에 있던 많은 양의 물이 사라져 버려요. 그렇게 되면 가뭄이 생기고, 곡식 같은 것을 키우는 게 힘들어지는 거고요."

선생님 이야기를 듣고 나니 지난번에 하늘에 구멍이 난 것처럼 엄청난 비가 온 이유도 알 수 있었어. 생각했던 것보다 지구 온난화란 것은 사람들에게 더 나쁜 영향을 미치는 것 같아.

아니지, 사람들이 나빠서 지구 온난화가 생긴 건데 그게 사람들에게 다시 나쁜 영향을 주는 거니까 서로 쌤쌤인지도 몰랐어.

이런 생각을 하니까 머리가 빙글빙글 도는 것 같지 뭐야.

선생님은 나를 보며 빙긋 웃더니 말씀을 이어 가셨어.

"이상하죠? 물의 양이 늘어나는데 지구의 온도가 올라가면서 땅은 더 마르고. 그렇게 되면 강으로 흘러들어가는 물의 양도 줄어들고, 하늘로 날아가는 물의 양도 많고. 우리가 사용할 수 있는 물의 양도 줄어

세정이의 계절 노트

날씨와 기후

날씨는 덥거나 춥거나, 비가 온다든가 맑다든가 하는 등 지구를 감싸고 있는 기체의 하루하루의 현재 상태를 말해요. 기후는 특정한 지역의 날씨를 오랜 기간 관찰한 평균을 의미하고요. 기후가 날씨를 포함한다고 생각하면 되겠지요.
다음 내용을 보면 '날씨'와 '기후'가 어떻게 다른지 구별할 수 있을 거예요.

날씨	• 내일은 구름 한 점 없는 맑은 날이다. • 번개가 치고, 먹구름이 가득하더니 비가 내리기 시작했다. • 바람에 나무가 쓰러졌다. • 오늘은 너무 덥다. • 오늘 같은 날 눈이 펑펑 내리면 좋겠다.
기후	• 우리나라는 봄, 여름, 가을, 겨울 사계절이 있다. • 북극은 일 년 내내 춥다. • 겨울엔 춥고 건조하다. • 이제 남해안에서도 열대 과일을 재배할 수 있다. • 여름에는 습기가 많아 후텁지근하다.

봄? 가을? 경계가 모호해지는 사계절

들게 되다니……"

"우린 어떻게 해요?"

난 너무 걱정이 되는 바람에 손도 들지 않고 속으로 생각하던 걸 말해 버렸어.

"물도 관리를 해야 하죠."

"댐요!"

친구들이 이번에는 서준이를 쳐다봤어. 서준이도 나처럼 무심코 소리를 지른 거야. 저 바보는 왜 나를 따라 하는 건지.

"맞아요. 댐을 만들기 전에 앞으로 물이 얼마나 부족하게 될지 상황을 관찰하고 예측해야 해요. 그런 다음 물을 저장하는 댐이나 저수지를 만들고, 강의 오염 물질을 없애서 맑은 물을 만들어야죠. 강 주변에 생태 공원을 만들면 더 좋아요. 이건 모든 사람들의 노력이 필요해요."

선생님의 이야기를 듣고 난 후 반 친구들은 다시 바자회 준비에 열을 올리기 시작했어. 누가 더 얼마나 많이 가져오나, 누가 무엇을 가져왔나에 대해서도 엄청 관심이 많았고. 웃지 못할 일도 벌어졌어.

"야, 차서준. 이 먹다 만 빵은 뭐냐?"

반 친구들이 모두 서준이를 쳐다봤어.

"아, 내 동생이 이걸 꼭 내야 한다고 고집을 부려서 어쩔 수 없었어."

서준이도 좀 당황한 것 같았어. 평소 같았으면 같은 아파트에 사는

물을 저장하는 댐이나 저수지를 만들고, 강의 오염 물질을 없애서 맑은 물을 만들어야 해요. 강 주변에 생태 공원을 만들면 더 좋아요.

친구로서 당연히 도와줬겠지만 상황이 상황이니만큼 난 모른 척했어.

"빵이 인도에 가기도 전에 썩겠다!"

아이들이 웃음을 터뜨렸어. 서준이는 머리만 긁적이고 있더라. 바보같이 동생 마음이 소중한 건데.

사실 나도 바자회 때문에 꽤나 들떠 있었어. 바자회를 한다고 엄청 수선을 떨었고. 나 때문에 같은 층에 사는 이웃들한테도 소문이 나 버렸지. 어느 날은 옆집 새댁 아줌마가 우리 집에 찾아왔어. 아줌마 손에 휴지가 보였어.

"집들이 때 들어온 건데 너무 많아서요. 세정이 바자회 준비할 때 가져가라고요."

"와, 엄청 많네요."

"우리 집에 더 있는데, 세정아 같이 가서 가져오자."

옆집 아줌마가 들고 온 것도 많은데 더 있다니. 난 낑낑거리며 이삿짐 나르듯 물건들을 날랐고, 다음 날 팔다리가 안 아픈 데가 없었어.

더군다나 옆집 아줌마가 끝이 아니었다는 거야. 아래층, 위층 할 것 없이 난 누가 부르기만 하면 달려가서 바자회에 쓸 물건을 받아 왔지. 에휴, 바자회를 두 번만 했다가는 내 몸이 남아나질 않겠더라고.

경비 아저씨는 다른 경비 아저씨들한테도 말해서 돈까지 모아 줬어. 내가 한 것도 아닌데 괜히 뿌듯한 거 있지. 바자회 준비는 완벽했어.

전염병 예방

    시간이 많이 지났지만 난 아직도 범인을 못 찾았어. 명탐정 오세정의 시대가 끝나 버린 것 같았어. 호기심만 많지 탐정에는 소질이 없는 세정이라고? 왠지 기운이 쭉 빠졌어. 게다가 도와주겠다던 경비 아저씨는 머리카락도 안 보였어. 일부러 나를 피하기라도 하는 것처럼 만나는 게 왜 이렇게 어려운지. 아저씨한테 더 확실한 증거가 나왔는지 물어보려고 했는데 이러다 영영 범인을 못 찾는 거 아닌지 몰라.

답답하기만 하고 나가서 뭐라도 하지 않으면 안 될 것 같았어. 최소한 서준이가 범인이 아니라는 증거라도 찾아봐야지.

문을 열고 나가려는데 계단 쪽에서 사람 목소리가 들렸어. 낯익은 목소리였어. 귀를 비상 계단 문 앞에 바짝 갔다 댔어. 아빠가 누군가와 통화하고 있었어. 잠시 후 문의 손잡이를 돌리는 소리가 나서 얼른 뒤로 물러났어. 문을 열고 나온 아빠는 나를 보고 깜짝 놀랐어.

"아빠, 왜 그렇게 놀래?"

"아, 아냐……."

무슨 말인가를 하려던 아빠는 갑자기 입을 막았어. 동시에 난 기침을 했지. 왜 아빠가 밖에서 몰래 전화를 했는지 알 것도 같았어.

"아빠!"

"엄마한테는 비밀이다, 우리 딸. 딱 한 개비 피운 거야."

"한 개비라고요? 담배를 안 피우는 사람은 있어도 딱 한 개비만 피우는 사람은 없다고요!"

"아냐, 아빠 담배 끊었잖아. 근데 회사에서 힘든 일이 있어서 속상해서 그래."

"거짓말 마세요."

아빠는 나한테 말하며 귀까지 빨개졌어. 아빠는 거짓말을 하면 귀가 빨개져서 금방 들통 나거든. 아빠는 부끄러워하면서도 조금만 이해해 달라는 듯 간절한 눈빛으로 날 바라봤어.

"엄마가 알기 전에 끊어야 돼."

역시 우리 딸이라며 아빠가 나를 끌어안으려고 해서 얼른 도망쳤어. 담배 냄새에다 면도를 안 한 얼굴을 내 볼에 갖다 대면 어떻게 하냐고.

서준이를 찾으러 놀이터랑 근처 중학교 운동장에도 갔는데 서준이의 모습은 보이지 않았어. 중학생 오빠들이 축구를 하고 있었는데, 운동장을 기웃거리고 있던 내 앞에 공이 왔어. 심술이 나서 있는 힘껏 공을 찼는데, 헛발질만 하고 넘어졌지 뭐야. 오빠들 앞에서 얼마나 창피하던지. 난 정말 쥐구멍에라도 들어가고 싶은 심정이었어.

옷에 묻은 흙을 털 생각도 못하고, 아파트 쪽문으로 얼른 갔어. 쪽문 근처에 작은 정자가 있거든. 거기에는 사람들도 잘 오지 않아서 빨개진 얼굴이 가라앉을 때까지 한숨 돌리기에 좋았지.

사람들 눈에 띄지 않게 달려가다가 순간 걸음을 멈췄어. 정자에 앉아 있는 두 사람을 봤거든. 두 사람 다 내가 아는 사람이었어. 바로 우리 아빠와 경비 아저씬 거야. 두 분이 언제 저렇게 친해졌지? 정말 두 사람이 맞는 거야? 난 눈을 비비고 다시 봤어.

아빠랑 아저씨는 무슨 얘기를 하는지 작은 소리로 말했어. 난 탐정처럼 발소리를 내지 않고 나무에 몸을 숨겨 가며 최대한 두 사람 가까이 가려고 노력했어.

"하마터면 들킬 뻔했지 뭐예요?"

"전 사실을 알고 난 뒤부터 세정이 얼굴을 못 보겠더라고요."

"죄송해요. 저 때문에……."

"세정이한테 털어놓는 게 좋지 않을까요? 세정이가 쉽게 포기할 것 같지는 않던데요. 다시 귤나무를 하나 사다 주면 어떨까요?"

"세정이가 얼마나 정성껏 키웠는데, 그걸 생각하면 내가 범인이라고……."

아빠가 나무 뒤에 있던 나와 눈이 딱 마주쳤어. 이미 내 눈에서는 눈물이 그렁그렁 맺혔지. 내가 범인을 찾고 있다는 걸 뻔히 알면서 어떻

게 감쪽같이 속일 수가 있는지. 게다가 경비 아저씨까지 나를 배신하다니. 난 그 자리에 서서 눈물을 흘리며 주먹 쥔 손을 부르르 떨었어.

아빠는 얼음처럼 몸이 굳어 버렸고, 경비 아저씨는 그제서야 나를 발견했어. 순간 당황한 것처럼 보이던 아저씨가 아빠에게 뭐라 속삭이며 아빠 몸을 내 쪽으로 밀었어. 아빠는 쭈뼛거리며 내게 다가왔고, 미안하다고 진심으로 사과했지. 대신 내년에는 귤나무를 같이 키워 보자고 제안했어. 덧붙여 무슨 일이 있어도 올 겨울에는 따뜻한 여름 나라로 여행을 가겠다고 약속도 했고.

난 아빠가 쉽게 용서되지 않았지만, 아빠의 제안에 혹할 수밖에 없었어. 해외여행은 내 꿈이었으니까. 대신 아빠에게도 좀 힘든 시간을 주기로 했지. 아빠를 금방 용서해 버리면 여태까지 범인을 찾겠다고 수고한 것도 그렇고, 아빠의 제안에 홀라당 넘어간 쉬운 어린이로 보일 테니까.

"여보, 당분간 당신 용돈에서 담뱃값 뺄 테니 그런 줄 알아요."

엄마한테 아빠가 담배 피우고 있다는 사실을 일러바친 거였어.

아빠는 용돈이 10만 원이나 줄었지만, 그렇다고 나한테 화낼 처지도 못 됐지.

내게는 해결해야 할 문제가 하나 남았어. 범인도 아닌 서준이를 의심하고, 차갑게 굴기까지 했는데……. 어떻게 미안하다는 말을 해야 할지 모르겠더라고.

　처음에는 나도 아빠처럼 서준이를 피하고만 싶었지만, 점점 시간이 지나면서 마음이 찜찜하기만 했어. 아무래도 속 시원히 미안하다고 말하는 게 나을 것 같았지. 그렇게 마음먹고 나니까 최대한 빨리 서준이에게 말하고 무거운 마음을 털어 내고 싶었어. 그런데 마주치기 싫어도 그렇게 자주 보이던 서준이 얼굴이 보이지 않는 거야. 무슨 일이 있나 싶기도 했지만, 서준이가 어떻게 나올지 걱정되기도 했고.

　주말에 놀이터를 기웃거려 봤지만 서준이는 안 보였어. 서우가 보이면 물어보기라도 할 텐데 서우도 보이지 않았고. 서준이네 집에 찾아갈까 하다가 그만뒀어. 그만한 용기는 나지 않았거든. 학교에 가서야 서준이가 아파서 결석했다는 사실도 알게 되었지. 어디가 어떻게 아픈지는 알 수 없었지만.

　다음 날도, 그 다음 날도 서준이는 학교에 안 나왔어. 서준이가 걱정됐고, 사실대로 말하면 서준이가 날 미워할까 봐 내 속은 시커멓게 타들어갔지. 이렇게 괴로울 줄 알았다면 진작에 사과할 걸 잘못했어.

　집에 들어가던 나를 경비 아저씨가 붙잡았어. 그동안 내가 경비 아저씨를 피했거든. 나한테 아저씨는 배신자였으니까.

　"세정아, 그동안 본의 아니게 속여서 미안하다."

　아저씨는 고개까지 숙이며 정중히 사과했어. 어른이 어린이인 나한테 저렇게까지 사과하다니 속으로 좀 놀랐어. 아빠와 나 사이에서 아저씨도 괴로웠던 모양이었어. 아빠가 아저씨에게 부탁했다는 말을 들었는데, 내가 너무 속 좁게 굴었나 봐.

"저도 죄송해요. 아저씨가 일부러 그런 것도 아니고, 여태까지 도와주셨는데……."

"아저씨 잘못이 더 크지. 이건 아저씨가 사과하는 뜻으로 주는 것이니 받아 주렴."

아저씨는 두 번째 퀴즈로 냈던 이누이트 조각이 달린 목걸이를 내미

셨어. 나는 이렇게 소중한 걸 받아도 되나 고민했는데, 아저씨는 내 손에 목걸이를 쥐어 주시며 꼭 받아 줬으면 좋겠다고 다시 한 번 말씀하셨지.

"네가 여행을 갈 때마다 이 녀석도 함께하면 좋겠구나."

아저씨는 내 머리를 쓰다듬으며 내 꿈도 응원해 주셨어.

"아참, 서준이는 엄청 아픈가 보더라. 너무 덥다고 에어컨을 끼고 살아서 냉방병에 걸린 모양이야. 이제 제법 더위가 한풀 꺾였는데 에어컨을 계속 틀어 댔으니 탈이 났나 보더구나."

아저씨가 서준이 얘기를 꺼냈는데 뭐라 할 말이 없더라. 나도 아저씨처럼 용기를 내서 서준이에게 빨리 사과하고 싶었어. 진짜 멋진 사람은 자신의 잘못을 알았다면 먼저 사과하는 사람이라는 걸 깨달았으니까.

하지만 그 후에도 서준이 얼굴을 보기는 힘들었어. 새로운 감기가 유행인데 그것까지 걸려서 오랫동안 학교에도 나오지 못했거든.

세상은 온통 새로운 감기에 대한 얘기로 가득했어. 뉴스에서는 전문가가 나와서 새로운 감기 바이러스가 기후 변화와 연관이 있다고 말하는 거였어. 바로 지구 온난화 때문에 생긴 인한 기후 변화 말이야.

이 말을 또 듣게 될 줄이야! 기후가 변하면서 산불도 자주 나고, 가뭄도 생기면서 야생 동물들이 자신들이 살던 곳에서 더 이상 살지 못하게 됐대. 그러면서 동물들이 사람들이 사는 곳까지 오게 되고, 바이러스에 감염된 동물과 사람들이 서로 맞닿으면서 병이 퍼진 거야. 지구 온난화

기후 변화가 감염병에 영향을 미치는 원리

신종 코로나바이러스로 전 세계가 공포에 떨고 있습니다. 우리가 코로나19라고 부르는 새로운 바이러스는 어느 날 갑자기 생긴 것이 아니에요. 많은 과학자들과 전문가들은 이런 바이러스가 생겨나고 퍼져 나가는 것이 기후 변화와 연관됐다고 생각해요. 기후 변화로 산불이나 가뭄 등이 생기면서 야생 동물들은 보금자리를 잃게 되고, 더 이상 그곳에서 살 수 없는 동물들이 사람들과 가까운 곳으로 이동함으로써 사람들이 바이러스에 감염될 가능성이 더 높아졌습니다.

실제로 코로나19를 비롯한 에볼라, 사스 같은 감염병은 70%가 동물과 사람 사이에 전파되는 바이러스 때문에 생겨났어요. 전문가들은 지구의 온도가 올라가는 것은 감염병이 더 쉽게 퍼질 수 있는 조건이 된다고 말합니다. 예를 들어, 1998~1999년에 생긴 신종 바이러스 니파(Nipah virus)는 먹이를 찾으러 농장에 드나들던 박쥐의 바이러스에 의해 농장에 있던 돼지가 감염되었고, 나중에는 사람들에게도 퍼졌지요. 이외에도 2004~2007년에 생긴 조류 인플루엔자는 새, 2009년에 생긴 신종 플루는 돼지에 의해 비롯되었어요. 지구의 온도가 올라감과 동시에 비가 많이 내리는 등의 환경은 말라리아와 뎅기열 등을 퍼뜨리는 모기가 잘 자라도록 해 주며, 사람들이 쥐와 같은 동물의 배설물에 쉽게 드러나도록 합니다.

전염병학 및 공중 보건 전문가들은 지구의 온도가 1℃ 올라갈 경우, 다양한 전염병이 생기는 비율이 4.27% 증가한다고 합니다.

는 정말 눈치가 없는 녀석인가 봐. 낄 데 안 낄 데를 잘 모르잖아.

아무튼 날이 갈수록 병에 걸린 사람이 많아졌어. 나라에서도 병이 어떻게 전파되는지, 약 개발이라든가 예방책이라든가 하는 것에 집중하기 시작했지. 내가 서준이에게 사과할 시기를 놓친 것처럼 뭔가 앞뒤가 바뀐 것 같았어. 이런 일이 일어나지 않도록 했으면 좋았을 텐데 말이야. 늦은 다음에 후회하면 무슨 소용이 있겠어. 어쨌든 엎질러진 물이니까 빨리 사과하는 게 중요하듯, 빨리 병도 고치고 앞으로 다시는 이런 병이 생기지 않도록 예방해야지.

 매우 심한 추위를 부탁해

서준이에게 제대로 사과도 못 한 채 무더운 여름과 짧은 가을이 지나가고 금세 추위가 닥쳤어. 나쁜 전염병은 거의 사그라졌지만, 앞으로 이런 일에 대해 어떻게 대처해야 하는지에 대한 건 숙제 같았어. 꼭 가슴에 돌덩이를 얹은 것처럼 답답하긴 마찬가지였지.

"야, 그동안 미안했다. 서준아, 요즘 너한테 못되게 굴어서 미안. 아니야, 이건 너무 비굴하잖아. 사실, 귤나무가 부러졌는데 내가 널 의심했어. 미안해. 이게 나으려나? 아, 도대체 어떻게 말하지?"

난 마치 고백을 하려는 드라마 속 주인공처럼 몇 번이나 연습했어. 당당하게 말할 것도 아니지만 그렇다고 지나치게 숙이고 들어가는 것도 아닌 것 같았거든. 너무 진지한 것도 웃길 것 같고. 머리를 쥐어뜯으며 고민에 빠져 있을 때였어.

"세정아, 이번 주말에 서준이네 가는데 같이 갈 거지?"

"……."

"이번 주엔 서준이네, 다음 주엔 우리 집. 김장도 하고, 겨우내 따뜻하게 지내려면 대비도 해야 하니까."

엄마에게 이렇다 할 대답도 못 하고 우물쭈물 망설이기만 했지. 아무 일 없었던 것처럼 얼렁뚱땅 넘어가기에 좋은 기회가 될 것 같다는 생각이 번개처럼 스쳐 지나갔어. 엄마 말씀처럼 서준이네와 우리 집은 항상 겨울 준비를 같이 했으니까 자연스럽게 서준이에게 말을 건넬 수 있을 것 같았거든. 굳이 미안하다고 하지 않아도 아빠들이 잘라 준 뽁뽁이를 같이 붙이거나 김장을 하는 엄마들 조수도 하다 보면 예전과 똑같지 않을까? 그럼 별 생각 없이 서준이도 받아 줄 거야.

"세정아, 무슨 생각을 그렇게 해. 주말에 친구들하고 약속 없지? 착한 우리 딸, 엄마 도와줄 거지?"

"네, 네-에."

"왜 무슨 고민 있어?"

"아, 아니야. 고민은 무슨 고민."

말은 그렇게 했지만, 서준이 얼굴을 볼 생각을 하니 심장이 쿵쾅거렸어. 내가 이렇게 겁쟁이였다니, 내가 다 당황스럽더라니까. 에휴, 한숨이 절로 나오는 거 있지. 어떻게 해야 할지 궁리 좀 해야 할 것 같아. 해답은커녕 끙끙거리기만 했는데 금세 주말인 거 있지.

엄마들이 김장할 준비를 하는 동안, 아빠들은 세탁기와 연결된 수도꼭지를 은박 스펀지로 감싸거나 바람이 들어오지 않도록 문틈에 테이프도 붙였지.

서준이는 씻고 나와서는 아빠들이 커튼 다는 것도 돕고, 수도 계량기 위에 보온 덮개를 붙이는 것을 보기도 했어. 내 눈길은 서준이가 가는 곳을 놓치지 않았지만 정작 말을 걸지는 못했어. 결국 이 날도 이렇게 흐지부지 넘어갔어.

그러던 어느 날이었어. 함박눈이 온 세상을 덮은 날이야. 난 신이 나서 밖으로 나갔지. 서준이와 서우도 신이 나서 뛰어다니고 있었어. 경비 아저씨는 사람들이 다니는 길목을 쓰는 중이었지.

아저씨가 눈덩이를 굴리며 우리에게로 왔어.

"얘들아, 이거 봐라! 이걸로 눈사람 만들자!"

아저씨의 말이 떨어지자마자 우리는 아저씨가 가져온 눈덩이를 같이 굴리기 시작했어. 눈덩이는 점점 커졌어. 우리는 점점 신이 났고, 볼은

빨갛게 달아올랐어. 몸속도 점점 따뜻해졌고.

"오세정, 작은 눈덩이 하나 더 만들자!"

서준이의 말에 나는 멍하니 서 있었지.

"야, 눈사람 얼굴 만들어야지. 뭐 하냐!"

서준이가 먼저 말을 걸어 주다니 얼마나 고맙던지. 난 서준이가 볼까 봐 뒤로 돌아서 눈물을 닦았어. 창피하게 갑자기 왜 눈물이 나는지. 순간 내 머리 위에 뭔가 씌워졌어.

놀라서 고개를 들었어. 아저씨가 내 머리에 모자를 씌운 거였는데, 모자는 옛날 어른들이 쓸 법한 거였어. 귀까지 내려오는 게 내 얼굴을 반이나 덮었고, 귀까지 따뜻해졌지. 모자 덕분에 내가 울고 있다는 걸 들키지 않을 수 있었어.

나는 작은 눈덩이를 굴려서 서준이가 이미 만들어 놓은 큰 눈덩이 위에 올렸어. 서준이가 나뭇가지를 가져와서 눈사람의 눈, 코, 입을 달아 주었지.

우린 좋아서 누구랄 것도 없이 손을 잡고 방방 뛰었지.

"서준아, 미안해!"

난 아저씨가 그랬던 것처럼 고개를 숙이며 말했어. 그동안 내 귤나무를 죽인 범인을 너로 오해했었다고 솔직하게 말했어.

어이없게도 서준이는 전혀 눈치채지 못하고 있었지. 눈치라고는 하

월동 준비

겨울이 오면 추운 겨울을 잘 나기 위해 월동 준비를 해야 해요. 월동 준비라고 하면 얼른 떠오르는 게 김장이에요. 김장은 좀 더 포괄적으로 먹을거리를 준비하는 것으로 볼 수 있어요. 먹어야 겨울을 날 수 있으니까요. 또 하나 필요한 것이 난방이에요. 이를 위해서 땔감, 기름, 두꺼운 옷, 겨울 이불 등을 준비합니다. 지금이야 보일러가 대표적인 난방 수단이지만 불과 몇십 년 전만 하더라도 연탄을 들여 놓은 집들이 많았어요. 연탄 몇백 장만 들여놓으면 따뜻하게 겨울을 보낼 수 있었거든요.

따뜻한 겨울을 보내야 한다는 인식은 한 설문 조사에서도 드러나 있어요. '월동 준비 하면 가장 먼저 생각나는 것'에 대한 질문에 전체 응답자 중 26%가 단열 뽁뽁이 등의 '단열 용품 준비'를 꼽아 가장 많았고, 보온성 패션 상품 준비(24%), 김장 준비(23%), 난방용 전열 기구 준비(14%)가 그 뒤를 이었어요. 똑같은 질문을 성별로 보면 남성은 단열 용품 준비(29%)를, 여성은 김장 준비(28%)를 가장 많이 택했다고 합니다.

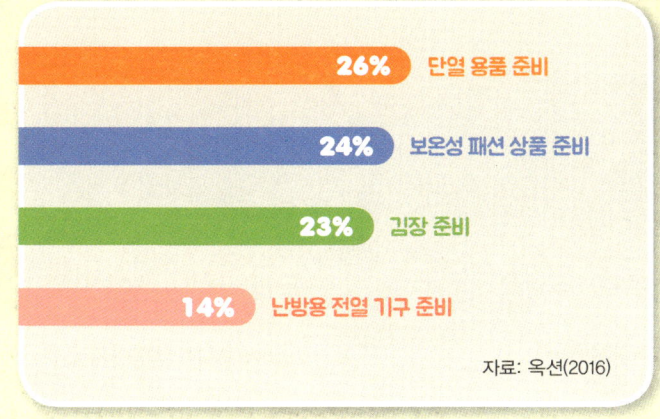

자료: 옥션(2016)

나도 없다니까. 서준이가 눈치가 없는 게 나한테는 처음으로 좋은 게 됐지만.

"아무튼, 미안해. 내 사과 받아 주는 거지?"

"뭐, 그래."

서준이는 별일 아니라는 듯 말했어. 난 안도의 한숨을 내쉬었고, 속이 뻥 뚫리는 것 같았지.

"와, 눈이다!"

서우가 말했어. 하늘에서 하얀 눈이 내려왔어. 꼭 우리를 덮어 주려는 것처럼.

난 속으로 생각했어. 앞으로는 잘못한 일이 있으면 바로바로 사과하는 사람이 되어야겠다고. 그리고 사람들도 지구에게 사과를 하고, 뜨거운 지구도 눈을 맞고 좀 시원해졌으면 좋겠다고 말이야.

북극곰은 남극에서 살 수 있을까?

남극에 뒤뚱뒤뚱 걷는 펭귄이 있다면 북극에는 하얀 털로 덮인 북극곰이 있습니다. 남극과 북극은 둘 다 매우 추운 곳인데 왜 펭귄은 남극에만 살고, 북극곰은 북극에만 사는 걸까요? 만약 북극곰이 남극으로 간다면 살 수 있을지, 펭귄이 북극으로 간다면 살 수 있을지 궁금해집니다. 궁금증을 해결하기 위해 남극과 북극에 대해서 먼저 알아보기로 해요.

남극은 지구의 남쪽 끝에 위치하고 있어요. 땅의 넓이는 아시아, 아프리카, 북아메리카, 남아메리카에 이어 다섯 번째로 크지요. 남극의 98%는 얼음으로 덮여 있는데, 얼음의 평균 두께는 2160m나 되며 어떤 얼음산은 높이가 4000m를 넘는다고 해요. 또한 1년 중 6개월은 낮만 계속되고, 6개월은 밤만 계속된답니다. 남극에는 예전에도 지금도 사람이 살지 않아요. 단지 남극을 연구하기 위한 사람들만 있을 뿐입니다. 추위에 잘 적응한 동물과 식물들은 살고 있어요.

북극은 지구의 북쪽 끝에 자리 잡고 있어요. 북극에 속해 있는 나라에는 캐나다, 러시아, 그린란드, 아이슬란드 등이 있는데, 이곳에서도 빙하를 볼 수 있어요. 여름에는 해가 지지 않고, 겨울에는 해가 뜨지 않아요. 북극은 두꺼운 얼음으로 덮인 남극보다 조금 따뜻해요. 그 이유는 남극을 덮고 있는 얼음은 햇빛을 반사하지만, 북극의 바다는 열을 흡수하고 저장하기 때문입니다. 남극의 평균 온도가 영하 55℃인 반면, 북극의 평균 온도는 영하 35~40℃ 정도 되지요. 그리고 북극에 속한 그린란드나 알래스카 등의 나라들은 에스키모라고 하는 이누이트 사람들이 살고 있어요.

이처럼 남극과 북극은 비슷한 점도 있고, 차이점도 있는데요. 북극보다 추운 남극에 북극곰이 간다면 어떨까요? 전문가들의 의견을 살펴볼게요.

북극곰은 원래 그린란드나 시베리아 혹은 알래스카에 살던 흑곰이에요. 북극에는 북극곰이 좋아하는 바다표범과 물고기 등이 풍부합니다. 또한 북극곰의 두꺼운 지방층은 북극의 혹독한 추위와 강한 눈보라를 견디게 해 줍니다.

이렇게 보면 북극곰은 추운 나라에서도 잘 살 것 같습니다. 그런데 왜 남극에서는 북극곰을 볼 수 없는 것일까요?

우선 남극과 북극의 온도 차이예요. 북극도 추운 곳이지만 남극에 비하면 따뜻한 편이에요. 두 곳의 온도는 무려 15~20℃나 차이가 나니까요. 두 번째로 남극과 북극의 얼음 차이입니다. 남극의 어마어마한 얼음에 비해 북극의 얼음은 바닷물이 얼어서 생긴 것으로 얼음의 두께가 10m를 넘지 않는답니다. 세 번째로 북극곰은 바다표범이나 물고기, 여름에는 풀을 먹기도 하는 잡식성인데, 남극에서는 이런 먹이를 구하기 어렵습니다.

마지막으로 남극이 바다 한가운데에 위치하고 있기 때문이에요. 북극곰은 최대 25㎞까지 헤엄칠 수 있는데 남극의 빙하는 거리가 멀어 북극곰이 헤엄치지에는 쉽지 않습니다.

생물이 살아가는 데 있어 주변 온도가 얼마나 중요한 조건인지 서로의 생각을 나누어 보아요.

관련된 내용 연결하기

남극과 북극에 관련된 내용을 선으로 연결해 보아요.

남극

북극

1 지구에서 가장 추운 곳이에요.

2 동물을 사냥하거나 물고기를 잡으며 생활하는 이누이트가 살아요.

3 펭귄이 살고 있어요.

4 캐나다, 러시아, 그린란드가 이에 속해요.

남극 : ①, ③ 북극 : ②, ④

정답

> 어려운 용어를 파헤치자!

감염병 세균이나 바이러스, 곰팡이와 같은 병원체가 인체 내에 침입하여 일어나는 질병을 말해요. 감염병은 물이나 음식을 통해 감염되기도 하고, 사람 간의 접촉이나 동물에 의해 전파되기도 합니다. 최근 지구 환경의 변화로 새로운 감염병이 늘어나고 있어요. 또한 신종 해외 감염병이 우리나라로 유입되어 확산될 우려가 더욱 커지고 있답니다. 코로나19가 대표적인 사례입니다.

강수량 어떤 곳에 일정 기간 동안 내린 물(비, 눈, 우박, 안개 등)의 총량을 말해요. 어느 기간 동안의 강수가 땅 위를 흘러가거나 땅속에 스며들지 않고, 땅 표면에 괴어 있다는 가정 아래 그 괸 물의 깊이를 측정하는 것이죠. 그런데 눈이나 우박 등 강수가 얼음 형태일 때는 어떻게 하냐고요? 그때에는 이것을 녹인 물의 깊이를 측정해요. 한편 강수 가운데 특별히 비의 양만을 측정한 값, 즉 얼마나 많이 비가 내렸는지를 알려 주는 것은 강우량이라고 해서 강수량과 구별해요.

계절 기후의 변화에 따라 1년을 봄·여름·가을·겨울로 나눈 시기를 말해요. 북반구 중위도에 위치한 우리나라는 4계절의 변화가 뚜렷하답니다. 일반적으로 3·4·5월을 봄, 6·7·8월을 여름, 9·10·11월을 가을, 12·1·2월을 겨울이라고 해요. 그런데 지구 온난화 때문에 우리나라에서는 여름이 길어지고, 겨울이 짧아지는 등 기후 변화가 일어나고 있어요.

기상 강수, 바람, 구름 등 대기 중에서 일어나는 모든 자연 현상을 통틀어 이르는 말이에요. 태풍, 구름 등의 대규모 현상도 포함됩니다. 최근에는 기상 위성과 기상 레이더 등 첨단 장비를 도입하여 실시간으로 입체적 종합 감시가 가능해졌어요. 지구 온난화가 전 세계적으로 문제가 되면서 기상 관측의 중요성이 강조되고 있어요.

기후 오랜 시간 동안 일정한 지역에서 여러 해에 걸쳐 나타난 기온, 비, 눈, 바람 등의 평균 상태를 말해요. 최근에 지속적으로 많은 양의 온실 가스가 발생하여 지구가 따뜻해지면서 지구 온난화 현상이 생기고 지구 온난화 때문에 폭염과 가뭄, 홍수 등 극한 기상 현상이 발생하면서 기후도 변하고 있어요.

기후 변화 어느 지역에서 오랜 기간 동안 진행되는 기상의 변화를 말해요. 최근에 지구 온난화로 폭염과 가뭄, 홍수 등이 늘어나고 있는데, 이러한 현상이 기후 변화에 해당한답니다.

남극과 북극 지구의 양 극점인 남극과 북극은 엄청 추운 곳입니다. 똑같이 얼음으로 뒤덮인 곳이어서 비슷한 곳이라고 생각하기 쉽지만 두 곳의 차이는 엄청납니다. 남극은 98%의 얼음으로 덮인 대륙입니다. 반면, 북극은 놀랍게도 대륙이 아니에요. 아시아와 아메리카로 둘러싸인 거대한 바다인 북극해를 말합니다. 즉, 바다가 얼어서 생긴 얼음 땅이라고 할 수 있어요. 북극은 태양열을 흡수·저장하는 바닷물로 이뤄져 있지만 남극은 평균 두께가 2160m에 달하는 두꺼운 얼음으로 덮여 있어 태양열을 저장하기는커녕 오히려 반사합니다. 그래서 남극이 더 춥습니다. 남극과 북극 모두 따뜻해진 날씨 때문에 빙하가 녹아내려 해수면이 상승하고 있습니다. 빙하가 사라지면 대기가 반사하는 태양열이 줄고, 지구가 흡수하는 열의 양이 더 많아집니다. 지구 온난화가 더 가속되는 것이죠.

생태 공원 도시의 생태계를 유지·보호하고, 다양한 동·식물이 서식할 수 있도록 자연 친화적으로 조성된 공간을 말해요. 우리 주변에서도 도심에 조성된 생태 공원들을 많이 볼 수 있는데, 이들 생태 공원은 자연 경관을 보호하고 생태 공원 내에 조성한 숲과 습지는 공기 정화의 효과도 있어요. 사람들은 이곳에서 자연을 관찰하거나 생태 연구를 하는 등 여가를 보내며 스트레스를 해소할 수 있어요.

열대 과일 아열대 지방과 열대 지방에서 주로 재배되는 과일을 말해요. 우리나라에서는 기온이 높은 비닐하우스에서 열대 과일을 재배하고 있어요. 대표적인 열대 과일로는 파인애플, 바나나, 두리안, 망고, 파파야, 구아바, 용안, 코코넛, 아보카도, 대추야자 등이 있어요.

폭우 짧은 기간에 많은 비가 오는 것을 말해요. 우리말고 '장대비'라고도 하는데, 한 시간에 30㎜ 이상이나 하루에 80㎜ 이상의 비가 내릴 때, 또는 연강수량의 10%에 상당하는 비가 하루에 내리는 정도를 말합니다. 지금까지 우리나라에서 관측된 1시간 동안의 최다 강수량은 1988년 7월31일 기록된 전남 순천의 145㎜입니다.

화석 연료 석유, 석탄, 천연가스와 같은 천연자원을 말해요. 오래전 지질 시대의 생물들이 땅속에 묻혀 있다가 여러 가지 작용을 받아 화석처럼 굳어졌어요. 이것을 사람들이 연료로 사용하기 시작했고, 이후 사용량이 엄청나게 늘어났어요. 화석 연료는 물건을 만드는 재료, 교통 수단, 냉·난방, 공장의 열원 등 다양한 곳에 쓰입니다.

날씨·환경 관련 사이트

기상청 날씨누리 www.kma.go.kr
어제와 오늘의 날씨를 알 수 있고, 내일의 날씨를 예측하는 곳입니다. 홍수·가뭄·지진·태풍·대기 오염 등 각종 재난의 원인을 조사·대책·예방하도록 노력해요.

환경부 www.me.go.kr
우리나라 환경과 관련된 다양한 일을 해요. 미세 먼지에 대해서도 연구하고, 전체적인 물 관리도 해요.

국가 기후 변화 적응 센터 kaccc.kei.re.kr/home
기후 변화와 그에 대한 대응책 등을 연구하고 있어요. 기후 변화의 원인이 되는 온실가스 줄이기와 변화된 기후에 사람들이 적응할 수 있는 방안들에 대해 국내외 관련 기관과 협력하여 일하고 있답니다.

농촌 진흥청 www.rda.go.kr
농촌 지역의 발전, 농촌에서 일하는 사람들의 복지, 농촌 자원의 효율적 활용 등에 대해 고민하고 연구하고 있습니다. 국립 원예 특작 과학원, 국립 식량 과학원, 국립 축산 과학원 등의 기관이 있어서 동식물에 대해서도 알 수 있어요.

해양 수산부 www.mof.go.kr
바다 자원 관리, 어촌 개발, 바다 환경 보호 등과 같은 일을 하고 있어요. 바닷물의 상태·성분·온도, 바닷물의 오염 정도는 어떤지, 바다에 있는 쓰레기를 거두는 등 바다 환경을 보호하는 데 관심이 많습니다.

그린피스 www.greenpeace.org/korea
국가 환경 보호 단체입니다. 석탄 사용 줄이기, 플라스틱 사용 안 하기, 자연을 활용해서 사용할 수 있는 에너지 개발 등 환경을 보호할 수 있는 모든 일에 힘쓰고 있어요.

신나는 토론을 위한 맞춤 가이드

사계절에 대한 이야기를 재미있게 읽었나요? 이제 계절이 변하는 이유와 계절별 특징을 제대로 알게 되었다고요? 그 전에 마지막 단계인 토론을 잊지 마세요. 토론을 잘하려면 올바른 지식과 다양한 정보가 바탕이 되어야 해요. 책을 다 읽고 친구 또는 부모님과 함께 신나게 토론해 봐요!

잠깐! 토론과 토의는 뭐가 다르지?

토론과 토의는 모두 어떤 문제를 해결하기 위해 의견을 나누는 일입니다. 하지만 주제와 형식이 조금씩 달라요. 토의는 여러 사람의 다양한 의견을 한데 모아 협동하는 일이, 토론은 논리적인 근거로 상대방을 설득하는 일이 중요합니다. 토의는 누군가를 설득하거나 이겨야 하는 것이 아니기 때문에 서로 협력해서 생각의 폭을 넓히고 좋은 결정을 내릴 때 필요해요. 반면 토론은 한 문제를 놓고 찬성과 반대로 나뉘어 서로 대립하는 과정을 거치지요. 넓은 의미에서 토론은 토의까지 포함하는 경우가 많습니다. 토론과 토의 모두 논리적으로 생각 체계를 세우고, 사고력과 창의성을 높이는 데 도움을 준답니다.

토론의 올바른 자세

말하는 사람
1. 자신의 말이 잘 전달되도록 또박또박 말해요.
2. 바닥이나 책상을 보지 말고 앞을 보고 말해요.
3. 상대방이 자신의 주장과 달라도 존중해 주어요.
4. 주어진 시간에만 말을 해요.
5. 할 말을 미리 간단히 적어 두면 좋아요.

듣는 사람
1. 상대방에게 집중하면서 어떤 말을 하는지 열심히 들어요.
2. 비스듬히 앉지 말고 단정한 자세를 해요.
3. 상대방이 말하는 중간에 끼어들지 않아요.
4. 다른 사람과 떠들거나 딴짓을 하지 않아요.
5. 상대방의 말을 적으며 자기 생각과 비교해 봐요.

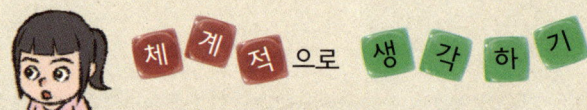

우리나라에서 봄, 가을이 사라질까요?

우리나라는 사계절이 뚜렷한 나라입니다. 계절별로 각각 다른 날씨를 볼 수 있었죠. 그러나 최근 들어서는 봄, 가을이 사라지는 게 아니냐는 말까지 나오고 있어요. 어쩌면 곧 사계절을 볼 수 없게 될지도 모릅니다. 다음 글을 읽고 사계절이 앞으로 어떻게 변할지 생각해 보세요.

"민준아, 학교 갈 때 우산 꼭 챙겨. 언제 비가 올지 몰라."
"아유, 엄마! 지금 햇볕이 쨍쨍한 걸요."
요즘 여름철에는 햇살이 쨍쨍 내리쬐다가도 금방 먹구름이 몰려와 천둥 번개와 함께 굵은 소나기를 뿌리기도 해요. 이런 날씨가 자주 반복되다 보니, 외출하면서 우산을 챙겨야 할지 말아야 할지 갈피를 잡기가 어렵답니다.
우리나라 기후가 온대 기후에서 아열대성 기후로 변하면서 태국, 말레이시아, 필리핀 같은 동남아 지역에서나 볼 수 있는 스콜이 잦아지는 거예요. '스콜'은 아열대성 기후 지역에서 나타나는 대표적인 자연 현상이에요. 스콜이란 좁은 지역에서 짧은 시간 동안에 아주 강한 비를 뿌리는 소나기를 가리키죠.
아직 우리나라는 겨울 평균 기온이 영하를 유지하고 있어서 동남아 지역처럼 아열대성 기후는 아니에요. 다만 기후 변화에 따라 여러 가지 기상 이변이 생기고, 예전에는 볼 수 없었던 생태계의 변화를 겪고는 하죠. 특히 겨울이 짧아지고 기온이 높아지면서 병해충이 늘어나 삼림과 농작물에 큰 피해를 주고 있답니다. 또한 우리나라만의 사계절이 사라지고 있다는 사실을 절대 가볍게 생각해서는 안 돼요.

소년조선일보 2017/08/15

1. 우리나라 날씨가 어떻게 변하고 있나요? 기사를 정리해 봐요.

2. 다른 나라는 어떤 계절 변화를 겪고 있는지 조사해 봐요.

논리적으로 말하기 1
우리나라를 찾아오던 철새가 달라지는 이유가 뭘까요?

철새는 알을 낳아 기르는 곳과 추운 겨울을 보내는 곳이 달라요. 철에 따라 살기 좋은 곳으로 날아가기 때문에 철새라고 부르지요. 우리나라에는 봄에 와서 여름을 지내고 가을에 따뜻한 남쪽으로 가는 여름 철새가 있고, 가을에 와서 겨울을 보내고 추운 북쪽으로 가는 겨울 철새가 있어요. 다음 글을 읽고 여러분의 생각을 정리해 보세요.

철새는 알을 낳아 새끼를 까서 기르는 번식지와 추운 겨울을 나는 월동지가 따로 정해져 있어서 일정한 철에 일정한 길을 날아서 이동하는 새이다. 후조라고도 한다. 철새는 추위를 피하고, 먹이를 구하기 위하여 떼 지어 먼 거리를 오간다. 우리나라에는 봄에 와서 여름을 보내고 가을에 남쪽으로 돌아가는 여름새가 있고, 가을에 와서 겨울을 나고 봄에 북쪽으로 돌아가는 겨울새가 있다. 또 북쪽에서 번식하고 겨울을 남쪽에서 보내는 새로, 지나가는 길에 우리나라에 잠깐씩 들르는 나그네새도 철새이다.

여름새로는 뻐꾸기, 제비, 두견이, 뜸부기, 꾀꼬리, 백로, 팔색조, 파랑새, 깝작도요, 왜가리 등이 있다. 이 새들은 우리나라의 여름철 기후가 번식하는 데 알맞고 먹이가 많아서 해마다 찾아왔다가 추워지는 가을이 되면 남쪽으로 간다. 겨울새로는 두루미, 청둥오리, 기러기, 논병아리, 독수리, 큰고니 등이 있다. 북쪽의 날씨가 추워져서 먹이가 없어지면 먹이가 많은 우리나라로 와서 지내다가 봄이 되면 북쪽으로 되돌아간다.

우리나라에서는 철새가 많이 날아오는 낙동강 하류를 천연 기념물 제179호로 지정했고, 그 밖의 여러 지역 및 철새를 천연 기념물로 지정하여 보호하고 있다.

천재 학습 백과

1. 여름 철새와 겨울 철새는 어떤 게 있는지 적어 보세요.

2. 여름이 길어지고 겨울은 짧아지는 등 날씨가 이상해지면 철새들의 생활은 어떻게 변할지 생각해 보세요.

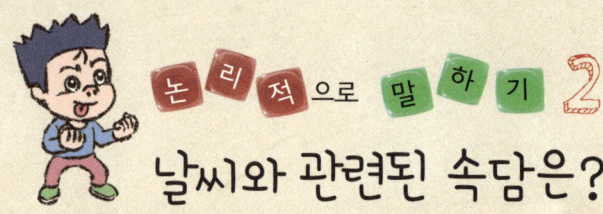

날씨와 관련된 속담은?

'개구리가 울면 비가 온다', '거미가 줄을 치면 날씨가 좋다'와 같은 속담을 들어 본 적이 있나요? 우리나라에는 날씨와 관련된 속담이 많이 있어요. 다음 그림을 보고 날씨와 관련된 속담에 대해 생각해 보세요.

처서가 지나면 모기 입이 비뚤어진다

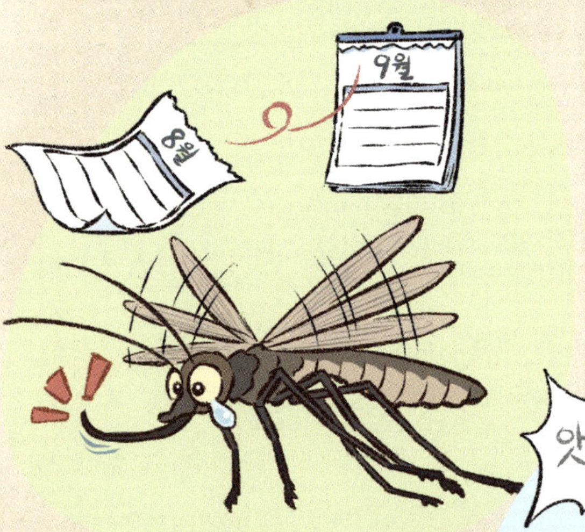

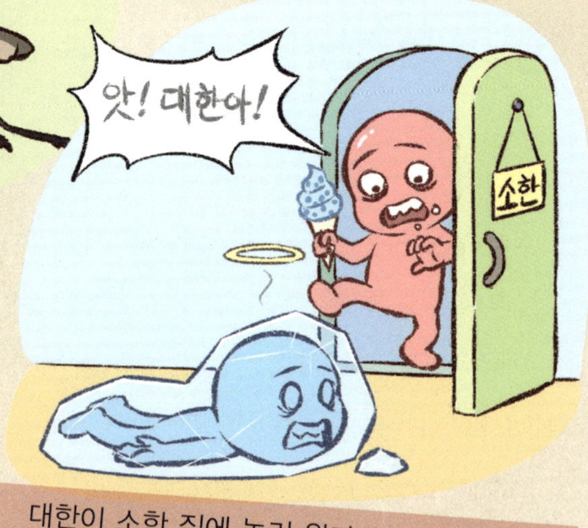

앗! 대한아!

대한이 소한 집에 놀러 왔다 얼어 죽었다.

1. 날씨와 관련된 또 다른 속담에는 어떤 게 있을까요?

2. 속담에 담긴 날씨에 관한 이야기는 과학적으로 사실일까요?

3. 기상청에서는 무엇을 통해 날씨를 예상하는 것일까요?

창의력 키우기

제주도 고유의 식물을 다른 곳에서도 볼 수 있을까요?

제주도는 여름이면 40℃에 달하는 더위, 드문드문 내리는 장대비, 후텁지근한 날씨 때문에 마치 동남아와 같은 여름 나라처럼 느껴집니다. 또한 길에는 야자수가 있고, 열대·아열대 식물들도 볼 수 있지요. 점점 뜨거워지는 날씨 때문인지 노란별수선, 영아리난초, 남흑삼릉 등 새로운 여름 나라 식물들이 들어온다고 합니다. 이런 식물들이 제주도에 들어와서 사는 건 좋은 일인지, 나쁜 일인지 자신의 생각을 적어 보세요.

예시 답안

우리나라에서 봄, 가을이 정말 사라질까요?

1. 우리나라 기후가 온대 기후에서 아열대성 기후로 변하면서 태국, 말레이시아, 필리핀 같은 동남아 지역에서 볼 수 있는 소나기인 '스콜'이 자주 나타나고 있다. 그리고 여름에는 해가 쨍쨍 비치다가 갑자기 먹구름이 몰려와 천둥 번개와 함께 굵은 소나기가 내리기도 한다.
2. 일본에서는 약 10일 정도 비가 내렸는데, 어떤 곳은 1000㎜ 이상 비가 내려 홍수와 산사태가 나서 큰 피해를 보았다. 시베리아의 일부 지역 온도가 30℃에 달했고, 북극권의 온도는 24.5℃로 최고를 기록했다. 비정상적으로 높은 온도 때문에 시베리아 지역에 산불이 나기도 했다. 인도에서는 온도가 영상 20℃ 아래로 내려갔다. 처음 겪는 추운 날씨 때문에 인도 어린이들은 학교에 가지 못했다.

우리나라를 찾아오던 철새가 달라지는 이유가 뭘까요?

1. 여름 철새: 뻐꾸기, 제비, 두견이, 뜸부기, 꾀꼬리, 백로, 팔색조, 파랑새, 깝작도요, 왜가리 등이 있다. 겨울 철새: 두루미, 청둥오리, 기러기, 논병아리, 독수리, 큰고니 등이다.
2. 최근 미국에서 발표된 자료에 의하면 새들의 번식지가 바뀌고 있다고 한다. 지구의 온도가 올라가면서 따뜻한 곳에 살던 온대권 겨울 철새들은 북쪽까지 번식지를 넓히고 있다고 한다. 하지만 여름 철새들은 뜨겁고 건조한 날씨 때문에 풍부한 먹이가 있는 곳이 줄어들었고, 봄이 빨리 와서 따뜻한 곳에 갔을 때는 이미 여름처럼 나무가 우거져 둥지를 짓고 새끼를 키울 수가 없게 된다. 이렇게 지구의 온도가 계속 올라간다면 더운 날씨에 적응하지 못하는 새들은 없어질지도 모른다.

날씨와 관련된 속담은?

1. 봄 추위가 장독 깬다, 봄비가 많이 오면 아낙네 손이 커진다, 달무리가 지면 비가 온다, 서리가 많은 날은 날씨가 좋다, 가을비는 빗자루로도 피한다, 개미가 이사하면 비가 온다.
2. 날씨와 관련된 속담에는 과학적으로 맞는 이야기도 많지만 전부 다 그렇지는 않다. 예를 들어, '봄 추위가 장독 깬다'는 속담을 살펴보자. 추운 겨울이 지나 따뜻한 봄이 오면 북서쪽의 찬바람이 불어온다. 그러면 따뜻한 날씨가 갑자기 추워지면서 장독 안과 밖의 온도 차이가 나면서 장독이 깨지게 된다.
3. 전국의 기상 관측소에서는 정해진 시간에 기온, 기압, 구름의 상태와 움직임, 바람의 속도 등을 관찰한다. 이때 기상 레이더나 위성, 부이 로봇 등을 이용한다. 관찰한 여러 가지 자료를 컴퓨터로 수집하고 분석한 후, 날씨를 예상해서 발표하는 것이다.

AI 시대 미래
토론

이제 토

과학토론왕
정가 520,000원

✓ 뭉치북스가 만든 국내 최초 토론
✓ 한국디베이트협회와 교

공부다!
인재를 위한 가서

사회토론왕
정가 520,000원

✓ **초등 국어 교과서 선정 도서!**
론가들이 강력 추천한 책!

- 한우리 추천도서
- 경향신문 추천도서
- 경기도 초등토론 교육연구회 추천
- 경기도 지부 독서 골든벨 선정도서
- 환경정의 어린이 환경책 권장도서
- 학교도서관 사서협의회 추천도서
- 한국 아동문학인협회 우수도서

뭉치수학왕

수학이 쉬워지고, 명작보다 재미있는

100만 부 판매 돌파!

"인공지능(AI) 시대의 힘은 수학에서 나온다!"

개념 수학

〈수와 연산〉
1. 양치기 소년은 연산을 못한대
2. 견우와 직녀가 분수 때문에 싸웠대
3. 가우스, 동화 나라의 사라진 0을 찾아라
4. 가우스는 소수 대결로 마녀들을 물리쳤어
5. 앨런, 분수와 소수로 약당 히들러니를 쫓아내라
6. 약수와 배수로 유령 선장을 이긴 15소년

〈도형〉
7. 헨젤과 그레텔은 도형이 너무 어려워
8. 오일러와 피노키오는 도형 춤 대회 1등을 했어
9. 오일러, 오즈의 입체도형 마법사를 찾아라
10. 유클리드, 플라톤의 진리를 찾아 도형 왕국을 구하라
11. 입체도형으로 수학왕이 된 앨리스

〈측정〉
12. 쉿! 신데렐라는 시계를 못 본대
13. 알쏭달쏭 알라딘은 단위가 헷갈려
14. 아르키는 어림하기로 걸리버 아저씨를 구했어
15. 원주율로 떠나는 오디세우스의 수학 모험

〈규칙성〉
16. 떡장수 할머니와 호랑이는 구구단을 몰라
17. 페르마, 수리수리 규칙을 찾아라
18. 피보나치, 수를 배열해 비밀의 방을 열어라
19. 비례배분으로 보물섬을 발견한 해적 실버

〈자료와 가능성〉
20. 아기 염소는 경우의 수로 늑대를 이겼어
21. 파스칼은 통계 정리로 나쁜 왕을 혼내 줬어
22. 로미오와 줄리엣이 첫눈에 반할 확률은?

문장제
23. 개념 수학–백점 맞는 수학 문장제①
24. 개념 수학–백점 맞는 수학 문장제②
25. 개념 수학–백점 맞는 수학 문장제③

융합 수학
26. 쌍둥이 건물 속 대칭축을 찾아라(건축)
27. 열차와 배에서 배수와 약수를 찾아라(교통)
28. 스포츠 속 황금 각도를 찾아라(스포츠)
29. 옷과 음식에도 단위의 비밀이 있다고?(음식과 패션)
30. 꽃잎의 개수에 담긴 수열의 비밀(자연)

창의 사고 수학
31. 퍼즐탐정 썰렁홈즈①–외계인 스콜피오스의 음모
32. 퍼즐탐정 썰렁홈즈②–315일간의 우주여행
33. 퍼즐탐정 썰렁홈즈③–뒤죽박죽 백설 공주 구출 작전
34. 퍼즐탐정 썰렁홈즈④–'지지리 마란드러' 방학 숙제 대작전
35. 퍼즐탐정 썰렁홈즈⑤–수학자 '더하길 모테'와 한판 승부
36. 퍼즐탐정 썰렁홈즈⑥–설국언차 기관사 '어리도 달리능기라'
37. 퍼즐탐정 썰렁홈즈⑦–해설 및 정답

수학 개념 사전
38. 수학 개념 사전①–수와 연산
39. 수학 개념 사전②–도형
40. 수학 개념 사전③–측정·규칙성·자료와 가능성

정가 520,000원